陈旭/著

天机

台海出版社

图书在版编目（CIP）数据

天机 / 陈旭著．-- 北京：台海出版社，2024.8（2025.2重印）
ISBN 978-7-5168-4025-2

Ⅰ．H136.33

中国国家版本馆 CIP 数据核字第 2024PP2504 号

天机

著　　者：陈　旭	
责任编辑：魏　敏	策划编辑：戈旭皎
封面设计：宋晓亮	
出版发行：台海出版社	
地　　址：北京市东城区景山东街20号	邮政编码：100009
电　　话：010-64041652（发行，邮购）	
传　　真：010-84045799（总编室）	
网　　址：http://www.taimeng.org.cn/thcbs/default.htm	
E-mail：thcbs@126.com	
经　　销：全国各地新华书店	
印　　刷：三河市天润建兴印务有限公司	
本书如有破损、缺页、装订错误，请与本社联系调换	
开　　本：710毫米×1000毫米　　1/16	
字　　数：100千字	印　张：13
版　　次：2024年8月第1版	印　次：2025年2月第3次印刷
书　　号：ISBN 978-7-5168-4025-2	
定　　价：52.00元	

版权所有　翻印必究

前言

成功者常云:"天机不可泄露。"然后,他们再将令自己醍醐灌顶、逆流而上的天机箴言束之高阁,绝不轻易示人。

因为那些乍时令人感到晦涩、玄奥的天机,其实太接地气、可行性实在太强。所有人都能实践的东西,自然要反复包装,让旁人不能轻易起觊觎之心。凤凰不介意枝头多站几只乌鸦,但一定介意身旁多站一只凤凰。

曾国藩仕途不顺,自暴自弃时,被欧阳兆熊的"岐黄可医身病,黄老可医心病"一句话点醒,从而一步登天,立下不世之功。人想要开悟,很多时候,其实就是一瞬间、一句话的事。

我们精心摘取九十九条古今中外醍醐灌顶、一语道破天机的箴言、警句,包含修身智慧、哲理名言、为人处世、世态人心等多个方面,并将其汇总成书。其初衷,便是为了帮助处于人生不同阶段的读者,都能找到困扰其当下人生的症结,从而对症下药,达到开悟、开智、开窍的疗效。

在本书中,我们把这些凝练的箴言,掰开了、揉碎了摆在明面上,绝不语焉不详,绝不秘而不宣。这些话初听刺耳扎心,但细一琢磨,全是人生的咸、生活的辣。

书中的句子很短,但其中的道理很长;平庸地活着很简单,但过好自己的一辈子很困难。希望翻开此书的读者都能开卷受益,都能做一个生活在复杂世界中的明白人。

目 录

○○二 / 天下熙熙,皆为利来;天下攘攘,皆为利往

○○四 / 悲观是一种远见,鼠目寸光的人,不可能悲观

○○六 / 三思而后行:思危、思退、思变

○○八 / 人生三碗面最难吃,即情面、体面和场面

○一○ / 鼠在所居,人固择地

○一二 / 君子群而不党,小人党而不群

○一四 / 这个世上,只有两种人心无妄念,一是死人,二是神人

○一六 / 世界的本质,就是一个巨大的草台班子

○一八 / 君以此兴,必以此亡

○二○ / 不要向愚者预示灾难,因为他们就是灾难本身

○二二 / 自暴者,不可与有言也;自弃者,不可与有为也

○二四 / 拿捏不了自己,就要被他人拿捏

○二六 / 反者道之动,弱者道之用

○二八 / 成年人的世界,只筛选,不教育

○三○ / 金杯共汝饮,白刃不相饶

○三二 / 着力即差

○三四 / 人心隔肚皮,谁先被看透,谁就输了

○三六 / 假作真时真亦假,无为有处有还无

世上唯有快乐会越分享越多，培根说过："如果你把快乐告诉一个朋友，你将得到两个快乐。"

独乐乐，不如众乐乐。分享快乐，不仅能让自己感受到的快乐加倍，还能提升自身气场。气场是可以被感知的，别人感知到的气场是积极的、友好的、真诚的，自然愿意亲近和善待这个人。

一个积极向上的员工不仅能提高自己的工作效率，还能通过正能量影响同事，营造积极的工作环境。这种快乐的传递，不仅让他自己更加愉快，也提升了整个团队的士气和凝聚力。

有多少种个性，就有多少种不同类型的气场。你自信、张扬，喜欢追求自我、展示自我，那么不管在什么场合都有"掌控全场"的气场。这样的气场蕴含着强烈的能量，生命力满格，极富感染力和传染力。

天机——九十九句处世箴言,一句能顶一万句

快乐是一种香水,
无法倒在别人身上,
而自己却不沾上一些

> 我打赌,只要你一开口笑,其他人也会跟着你一起笑。

很多时候，**沉默并不是一种无能或无知的表现，而是代表着深思熟虑，代表着高瞻远瞩。**

当我们对某件事不够了解，或者对某种情境的分析不够明确时，贸然开口往往只会暴露我们的短板。如果我们选择沉默，虽然可能会暂时给人留下"愚笨"的印象，但至少我们不会造成无法挽回的错误和尴尬。

试想，三国时期的杨修，屡次自鸣得意，开口道明曹操心意，最后反招致杀身之祸的行为，到底是聪明还是愚笨呢？以史为鉴，在竞争环境日益严峻的当下，我们随便说出的一句话，都可能成为他人攻击、利用的突破口。

如果我们总是滔滔不绝地发表自己的见解，那么我们的弱点和软肋也将暴露无遗。而如果我们学会适时地沉默，就可以有效地掩盖自己的真实意图和实力，让自己在复杂的人际关系中更加游刃有余。

天机——九十九句处世箴言，一句能顶一万句

即使闭起嘴看起来像个傻瓜，也比开口让人家确认你是傻瓜来得强

你的口不择言，只会化作子弹，命中你自己的眉心。可悲，可叹啊……

反弹

一九六

决策快慢的区别在于：

快决策用的是感性，是潜意识里的决断，或者说，善于快速决策的人，靠的是"灵感"。

慢决策用的是理性，是经过层层考量之后的判断，习惯于慢决策的人，靠的是"逻辑"。

人在一穷二白之际，"大干快上"没问题——赢则一步登天，先把眼前利益抓住再说，不用考虑太远；输则一无所有，但由于没有什么好失去的，所以这类人不怕输。

但对于已经有了一定积累的人而言，不能因为求快而忽视风险，因为他们最重要的任务不是寻求增长点，而是保障基本盘，这个时候，就要求他们克制自己的冒险冲动，放下对眼前利益的狂热追捧，深思熟虑之后再做决定。所以，成大事者慢半拍的真正意思是：做可能带来深远影响的重大决策时，不能急，一定要考虑周全，"慢决策"。

天机 ——九十九句处世箴言，一句能顶一万句

成大事者慢半拍，
你的每一个细微选择，
都将在自己的未来刮起风暴

你还不快点跑！我们都要掉队了！

你在别人的人生路上跑那么快干什么？自己的路，要看准了再走。

聪明人的礼貌跟老好人的客气并不是一种东西，对于手段高超的人来说，**礼貌是一把拿捏人际交往的利器**。

老好人的客气，往往源于一种不愿得罪人、希望保持和平的心态。相比之下，聪明人的礼貌则是一种更为精细、更有策略的社交行为。

聪明人可以通过礼貌来甄别对方的真实意图，同时为自己树立一个令人拿捏不定的高人形象。

在你与人发生争执时，是你"破防"后的大喊大叫会令人害怕，还是你一个风轻云淡的微笑会更令人畏惧？

当你不想与愚者为伍时，只要时刻保持礼貌，自然而然便能与其泾渭分明；相反，当你想与智者携手共进时，时刻保持礼貌，也能快速拉进你们的距离。

正所谓："道不同，不相为谋。"学会用礼貌武装自己时，你就走上了通往成功的康庄大道。

天机 ——九十九句处世箴言，一句能顶一万句

礼貌，是聪明人想出来的与愚人保持距离的一种策略

对不起。

明明是我骂他，他为什么要道歉？

趁他现在还有理智，赶快走，真要是把他惹急了，他身后那把剑可不是吃素的！

面对伤害与背叛,选择原谅,本是一种高尚的情感修为,是对过往恩怨的释怀,也是对未来和平的期许。但"什么都能原谅",却成了一种无原则的退让,一种对自我价值的忽视。

东郭先生无底线的退让,才导致了饿狼步步紧逼的凶狠;你的无条件宽恕,才使得他人一次次对你进行伤害。**善良不带锋芒,便是怯懦。**

真正的原谅,应当建立在界限与尊重之上,是对错误的深刻反思,而非盲目的容忍与妥协。我们要在宽容与坚守之间找到那个微妙的平衡点。学会原谅,但绝不纵容;拥抱善良,也要懂得保护自己。毕竟,每一次的经历,都是生命赋予我们的宝贵财富,值得我们以更加成熟和理智的态度去面对。

天机 ——九十九句处世箴言，一句能顶一万句

要是你什么都能原谅，
那你经历的都是不幸

这就叫自掘坟墓，可悲可叹啊！

没什么大不了，忍忍就过去了……

聪明人懂得自嘲背后的深意，那是一种自我解嘲的幽默，是对人生不完美的坦然接受，更是对自身能力边界的清醒认知。他们从中看到的，是你的勇气与自信，是对生活态度的独特诠释，自然报以会心的微笑与由衷的赞赏。

然而，蠢人缺乏那份洞察世事的敏锐与包容万象的胸怀，他们会将你的自嘲误解为真实的自我贬低，甚至以此为把柄，肆意嘲笑。这不仅是对你的情感的无视，更是对智慧与善意的亵渎。

自嘲需谨慎，选对听众更关键。在这个复杂的社会舞台上，愿你我有足够的智慧去分辨，何时该以自嘲为剑，划破沉闷；何时又需收敛锋芒，避免自己成为那被误解的"小丑"。毕竟，真正的智慧，在于懂得何时该笑，何时该沉默。

天机——九十九句处世箴言,一句能顶一万句

在聪明人面前自嘲,会被欣赏;在蠢人面前自嘲,他会当真

低层次的人通过反驳他人来证明自己，反映了他们内心的自卑和认知的局限。面对这种人，与其浪费时间和精力争辩，不如通过恭维来避免无谓的冲突和麻烦。

　　司马懿深谙权谋之道。他面对曹爽这种喜欢反驳和表现自己的人，并没有直接对抗，而是以恭维和顺从的态度麻痹对方。最终，曹爽自取灭亡，司马懿隐忍取胜。

　　面对层次较低、喜欢反驳的人，不必与其争论。争论不仅浪费时间，还可能引发不必要的冲突。

　　职场中，有些同事喜欢在会议上频繁反驳他人，试图通过打压他人的意见来抬高自己。与其与他们争论，不如巧妙地恭维他们，**避免无谓的争吵，从而把精力集中在更重要的事情上**。

　　恭维并不意味着虚伪，而是一种沟通技巧，可以在不伤害他人自尊的前提下解决问题。例如，在工作中，如果遇到喜欢反驳的上司，不妨先肯定对方的意见，再巧妙地提出自己的看法，这样既避免了直接冲突，又能有效地表达自己的观点。

天机
——九十九句处世箴言，一句能顶一万句

层次越低的人越喜欢反驳，
所以对付蠢人，
恭维他就好了

回来！
前面危险！

这种人真是九头"我"都拉不回来啊……

别骗我了！你们就是不想让我发财！

一八六

人都是看"脸"的。如果你的脸上写满了老实，别人就会来欺负你；如果你脸上写满了能力，别人就会排挤你；如果你脸上又写了大大的"宽容"二字，别人又会心安理得的占你便宜。

你的善良和退让大多数时候，反而会成为别人的突破口。正因为如此，我们必须把自己的善良当成奢侈品，不能轻易予人。

人与人之间的关系，很多时候都败给了"我以为"。我以为对方会懂得我的善意；我以为我的退让能换来和平；我以为自己能感化对方。然而，现实却往往相反，对方会把你的善良当成得寸进尺的默许。

在成年人的世界里，绝不能轻易暴露自己的弱点和隐私，对那些曾经伤害你的人保持警惕，不再给他们伤害你的机会。通过这样的方式，我们才能在复杂的人际关系中立于不败之地，真正实现自我保护和自我成长。

所有伤害你的人，都是故意的。他们之所以能够伤害你，是因为早已在心里权衡了利弊

每个人心里都有一杆秤

把人当作工具，把东西视为情感寄托。这一误区不仅损害了人际关系，还让人变得冷漠和功利。

晋朝时期，陶渊明不为五斗米折腰，弃官归隐，过起简朴的田园生活。他重视人与人之间的真挚感情，与亲友邻里相处融洽，从不以物质得失为念。

他在《归园田居》中写道："结庐在人境，而无车马喧。"这种淡泊名利、重视人情的生活态度，使他成为一代高士。

很多人为了追求物质上的成功和满足，往往忽视了与亲友的关系。有太多人为了事业拼搏，忽略了与家人的相处，导致家庭关系紧张，自己也身心俱疲。

把人当作工具、把东西视为情感寄托的做法，最终只会给自己带来孤独和不幸。**物质是为我们服务的工具，而不是我们情感的寄托**。要学会知足常乐，不为物质的得失而困扰。

东西是拿来用的，人是用来爱的

天机——九十九句处世箴言，一句能顶一万句

老公，该……吃饭了……

谁打扰我工作，谁就是不想让我的家人过上更好的生活！你听懂了吗？

城里的人想出去，城外的人想进来。人们在面对无法获得的事物时总是极端的，不是将得不到的"葡萄"想象得太酸，就是将它想象得太甜。

　　人生在世，最重要的是活在当下，明白**身边人才是最好人，身旁事才是最好事**。而不是一山望着一山高，如此只会让人陷入无止境的痛苦与内耗中。

　　当一些朋友未能获得如愿的工作时，往往会自我安慰："也许那里并不如想象中那么好。"但另一方面，他们也可能会幻想："如果我在那里，一定会有更好的发展。"这种心理机制虽能在一定程度上缓解失落感，但自我麻醉的药效过后，不必要的遗憾和执念会再度加倍袭来。

　　无论何时，我们一定要保持理性和客观的态度，既不盲目贬低，也不无谓美化。在面对无法获得的事物时，与其幻想其美好，不如专注于当前的机会和资源，努力提升自己的能力和水平，寻找内心的满足感和成就感。

天机
——九十九句处世箴言，一句能顶一万句

我们对采摘不到的葡萄，
不但想象它酸，
也很可能想象它是分外的甜

> 大家再忍一忍，再行五十里就有一片梅子林，抵达后，大家都能吃个痛快！

> 别说了……吃那么多梅子，我的牙都要酸掉了！

一八〇

所谓的"偶然"往往是我们尚未理解的"必然"。万事万物的成和败均非偶然。所有成功的背后，都有着我们看不见的辛勤努力、下达正确决策时的魄力和能洞察时机的眼力。

一位企业家创业成功，并不是因为某次幸运的投资，而是依赖于他长期的市场研究、敏锐的商业嗅觉和不断地创新。这便是我们常说的量变引起质变。

著名科学家爱迪生在发明电灯时，经历了无数次失败。许多人认为他的成功是一次偶然的发现，但实际上，这一切背后是他长期坚持实验、不断改进技术和不懈努力的结果。

唯有不迷信偶然，方能掌控命运。通过培养洞察力和长期的积累，然后再朝着一个目标持续奋进，便能实现持久的成功和发展。

天机

——九十九句处世箴言，一句能顶一万句

天下没有偶然，
那不过是化了妆的、
戴了面具的必然

我百分之百肯定，今天一定能中大奖！

大哥，你把我这里的奖券都买下来了，不中奖那才是见鬼了。

将心比心，以心换心，是增进亲密关系的不二良方，当你绞尽脑汁想要操控对方时，就已经落了下乘。真正的爱情源自心灵的共鸣和真情的投入，而非理智的算计和策略。

司马相如初见卓文君时，便用自己的琴声打动了她的心。尽管司马相如当时贫困潦倒，但卓文君被他的才华和真情所感动，毅然决然地与他私奔，过起了艰苦但幸福的生活。这段爱情之所以动人心弦，正是因为司马相如用心去爱，而非用头脑去算计。

过多的理智和算计，反而会让爱情失去本质。许多人在恋爱中过于关注对方的经济条件、社会地位等外在因素，忽略了内心的感受和真情的投入。这样的爱情往往难以长久，因为缺乏真正的情感基础。

想要获得真爱，我们首先要真诚地对待每一段感情。只有真心付出，才能换来对方的真情回应。

天机——九十九句处世箴言，一句能顶一万句

当你为爱情而钓鱼时，要用你的心当作饵，而不是用你的脑筋

> 看到没有，鱼儿上钩了，我有预感，这次一定是美人鱼！

> 省省吧，爱情这东西，我更相信愿者上钩，靠身外之物吸引来的"爱情"，恐怕不会那么美好。

大多时候，"平凡"二字从人们嘴里说出来，不过是给自己的懒惰与平庸找的一块遮羞布。太多人日复一日，年复一年，在庸庸碌碌中消磨着青春，却还自欺欺人地告诉自己："这就是生活的真谛，平凡即幸福。"

真正的平凡，是历经风雨后的淡然，是努力过后的无悔。我们害怕失败，畏惧挑战，于是选择了一条看似安稳实则荒芜的道路，**用"平凡可贵"来麻痹自己，实则是对生命最大的浪费。**

诚然，大多数人终其一生，都只能是个平凡人，但做人绝不能甘于平庸，要有向上、求精的劲头。若是丧失了向上的动力，那只能不进则退，到时候等待我们的恐怕不是平凡，而是堕落。

天机

——九十九句处世箴言，一句能顶一万句

人生最怕碌碌无为，还安慰自己平凡可贵

山上的风景虽好，但路也太难走了。

是啊，还是下坡路走着舒服，那些美景不看也罢。

一七四

成年人交际的潜规则，就是不要问，问了就是不懂规矩。人这一生会遇到800多万人，会跟近4万人打招呼，会和3000多人有所交集，会与近300人拥有亲密关系，但他们最终都会失散在人海。十年修得同船渡，但如果一个人要离开，仅需一秒钟，他便会消失在茫茫人海。

人生如逆旅，忽如远行客。**成年人的走散，往往都无声无息**。人与人的关系是宝贵的，但又是脆弱的。

我们都在猜测对方是否会想自己，我们都在心里期待着对方先主动，于是我们各怀心事，最后我们渐行渐远。

与其把宝贵的时间浪费在无谓的争执上，不如用沉默表达自己的态度。至于那些离开的就让他离开，不执着于天长地久，曾经拥有过便好。

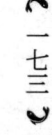

只有小孩子才会问喜不喜欢我，成年人的疏远都是默不作声的

师父师父，什么是分别？

分别啊……就是在一个平静的午后，他披了件衣服出门，从此再也没有回来。

世界上最可恨的，既不是仇人，也不是敌人，而是伪善的人。这种人往往以道德的名义掩饰自己的恶行，不仅伤害他人，还试图利用宽容来逃避责任。

面对伪善者，我们要有清醒的认识，不能被其虚伪的言辞所迷惑。他们打着"为你好"的旗号，实则损人利己。

有些同事在背后搞小动作，却在表面上倡导团队合作和宽容。这种人不仅不会带来正面影响，反而会破坏团队的和谐和信任。

著名企业家稻盛和夫在创业初期，曾遇到过一位合伙人，此人表面上倡导合作共赢，实际却在暗中损害公司的利益。稻盛和夫识破了对方的伪善，果断终止合作，最终带领公司走向成功。

我们要保持清醒的头脑，不因对方的高谈阔论而妥协，不被伪善者的花言巧语所左右，才能在复杂的人际交往中立于不败之地。

损着别人的牙眼，却反对报复，主张宽容的人，万勿和他接近

你活得不耐烦了！敢踩我！

莫生气，被人欺负了千万不要生气，这可是你刚才教我的。

闭上眼睛不去看，不代表事情不会发生；堵住耳朵不去听，不代表能堵上别人的嘴巴。

春秋时期，晋国世家赵氏灭掉了范氏，有一贼人想趁乱捞点儿油水，他跑到范家后发现一座精美大钟，但一个人搬不走。于是他想把大钟砸成碎块，再用麻袋装回去。但砸钟的声音太大，他怕别人听见钟声会来与他争夺，就忙捂住自己的耳朵。

他以为自己听不见，别人也一定听不见，就放心大胆砸起钟来。结局可想而知，人们听到钟声便蜂拥而至，将其捉拿归案。

自欺欺人者，无一不下场悲惨。欺骗他人不仅是道德上的错误，更是对自己的伤害。

有太多人，在学校耍小聪明骗老师；进了社会耍小聪明糊弄领导。然而，骗来骗去骗到最后，受到损失的还是我们自己。

欲求生富贵，须下死功夫。骗人骗己，亦是害人害己。

天机

——九十九句处世箴言，一句能顶一万句

一般人说谎的原因并不是想欺骗人，而是想欺骗自己

老大，你这办法果真不错，我现在什么都看不见，别人肯定也看不见我！

当然，否则为什么我是老大，而你只能当小弟。

盲从多数人的意见，就等于一只脚踩进了陷阱之中。很残酷，但也很现实——真理，往往掌握在少数人手里。

春秋时期，如果赵武灵王选择随波逐流，跟当时大部分人站在一边，那就绝不会有赵国称霸。

16世纪，如果哥白尼选择相信被普遍接受的"地心说"天文学理论，也就不会有后来的科学革命。

著名的企业家埃隆·马斯克在创建特斯拉和SpaceX（太空探索技术公司）时，面对无数质疑和反对声，他如果盲从主流观点，便不会改变汽车和航天工业。

独立思考的重要性在于能帮助我们发现真理，推动进步。

我们时刻都面临各种群体压力和主流观点的影响。许多人因为害怕与众不同而不敢提出自己的想法，结果导致人生失去活力。

敢于挑战权威，才能不断进步。人不进，则退。

天机

——九十九句处世箴言，一句能顶一万句

每当你发现自己和大多数人站在一边，
你就该停下来反思一下

桥都快断了，你上去是准备喂鱼吗？

放心，这么多人都在过桥，他们肯定有办法的。

世上最可笑的，莫过于那些将个人生活过得一地鸡毛的人，却总爱向那些站在云端之上的人抛洒廉价的同情与安慰。

　　那些开着豪车、穿着名牌的"苦命人"，刚感叹一声生活的艰辛与不易。周围的"好心人"便争先恐后地献上自己的理解与关怀，仿佛这样就能减轻他们那微不足道的烦恼，从而讨得他人欢心。

　　上位者建立友谊的方式是各取所需，他们不需要廉价的安慰，更不需要廉价的人脉。安慰过得比自己好的人，除了徒增笑柄外，对个人的生活并无裨益。

　　如果你的关心真的用不完，不如将它们赠予真正有需要的人。内心真正强大的人，不在于为强者锦上添花，而在于为弱者雪中送炭。

　　所谓智慧，是在**认清生活的真相后，依然热爱生活**；所谓慈悲，是把温暖倾注于阳光照不到的阴冷角落。

天机——九十九句处世箴言,一句能顶一万句

人最愚蠢的,就是常常安慰那些比他们过得好的人

大哥,你怎么比我还"熊"!

爱护动物,人人有责!

勇敢者享受世界，犹豫者一败涂地。

犹豫者抱怨好运总是绕道而行，却忘了自己才是放走机遇的罪魁祸首。他们眼高手低，既不愿付出努力，又渴望大富大贵；他们犹豫不决，即不愿承受失败，又希望功成名就。**当他们还在举棋不定时，已然满盘皆输。**

太多人与成功失之交臂，不是因为没有机会，而是机会摆在面前，却前怕狼后怕虎，把大好时机拱手让人。

想要创业，但每当准备付诸实践时，又会担心资金不足、市场不接受、竞争对手太强等种种问题。而当下定决心时，市场已被他人占据。

机会与挑战历来共存，但最大的挑战，就是你敢不敢抓住机会。

想到，做到，才能办到；能打，能拼，才能成功。

犹豫比失败更可怕，因为一个是输一辈子，而一个可能只是输一次。

耽误你的不是运气和机会，而是你的优柔寡断

天机 —— 九十九句处世箴言，一句能顶一万句

> 船家，你先走吧，船上人太多了，我等下一艘。

> 公子，这是最后一艘船了，你再不上，可就没载你的船了。

你总说——没人理解我!

可是,你又能理解谁?

理解,本来就是人世间的奢侈品。人类有着相似的生理结构和基本情感,但在具体的情感体验上,每个人都是独一无二的,很难完全理解和共鸣他人的悲喜。

每个人的生活经历、性格特质、价值观,以及所处的社会环境都各不相同,这些因素共同塑造了每个人独特的情感世界。因此,面对同一件事物或同一个情境,不同的人可能会有截然不同的情感体验和反应。

在社会交往中,我们扮演着不同的角色,这些角色往往要求我们以特定的方式表达情感。有时,为了维护社会和谐或避免冲突,我们可能会选择隐藏或压抑自己的真实情感,这进一步加剧了人与人之间的情感隔离。所以,我们**无须苛求他人的理解,也不要试图完全理解他人**,这才是成熟的心态。

天机
——九十九句处世箴言，一句能顶一万句

人类的悲欢并不相通

最近工作不顺利，感情不顺利，我怎么这么命苦啊……

嗯嗯嗯，最近大家都不好过……

怎么还没说完？我的约会该迟到了！

一六〇

吕布，三国第一猛将。先拜丁原为义父，后来杀死丁原，投靠董卓，当了董卓的义子；在董卓麾下，受他人离间，又杀死董卓……

最终，吕布败在曹操手下。白门楼上，吕布对曹操说："我的武力加上你的智力，天下谁能抵挡？"意思是，他想加入曹操阵营。曹操询问刘备的意见，刘备没有正面回答，而是说："你还记得丁原和董卓吗？"

曹操顿时明白了一个道理——**对于有些人来讲，善变是一种骨子里的天性**。于是，曹操杀死了吕布。

破镜难圆，何况人心。

大多数人的心灵和情感状态并非固定不变，一旦发生了某种变化，这种变化往往是持续的、多层次的，而且可能伴随着更多的转变。人们的心灵和情感状态可能因一时的冲动、长期的积累或突发的变故而发生不可预知的变化。

我们只需要知道一件事就好了——善变的人不可能"不变"，不善变的人，倒是可能会变得善变。

天机——九十九句处世箴言，一句能顶一万句

变过的心永远不可能只变一次

> 破镜难圆，人心易变。这是客观存在的真理。

心理学上有个"参照群体理论",指的是:个体在评价自身时,倾向于选择与自己相似或相近的人作为比较对象。

百万富翁的奢华生活,对乞丐而言,只是遥不可及的梦,但身边那个多讨得几个铜板的同行,却能轻易触动他内心最敏感的那根弦。

就像在职场中,一个员工往往会与同一部门的其他员工比较薪资和晋升机会,而不太可能对与公司高层的差异感到不满。这是因为他们认为与自己职位相近的同事才是最公平的比较对象。人们的嫉妒和不满,往往来源于对那些与自己处境相似,但比自己更成功的人进行比较。

何苦呢?**人生的路,只会越比越窄**。放下无谓的比较,珍惜身边人、眼前事,才能活在当下,并获得物质上的富足和精神上的满足。

天机——九十九句处世箴言，一句能顶一万句

乞丐不会嫉妒百万富翁，但一定会嫉妒收入更高的乞丐

凭什么你比我占的地方多，这不公平！

一起倒霉就是公平了？

知道你愤怒的人，会因为不知道惹你愤怒的代价而谨慎；看到你愤怒的人，会因为看清了惹你愤怒的后果，开始在心里悄悄盘算"值不值"——他已经成为你潜在的敌人。所以，在表达不满或愤怒时，控制情绪展现的方式比单纯的情绪爆发更为有效和成熟。

中国古代的政治家和哲学家在处理人际关系和社会冲突时，经常强调"中庸"的重要性，**喜怒不形于色，是顶级的情绪表达**。

真正的强大，不是从不愤怒，而是能在愤怒之后依然选择理性与宽容。让别人知道你的愤怒，是维护自我边界的勇气。

在愤怒和冲突的情况下，要明智地表达情绪，而不是让情绪失控地表现出来，是一种更为高效和受尊重的沟通方式。这种策略不仅能够保持个人的尊严和形象，还能在复杂的人际交往中保持更大的影响力。

天机
——九十九句处世箴言，一句能顶一万句

你可以让别人知道你的愤怒，但不能让别人看到你的愤怒

师父，这些鸟为什么要离这座山这么远？

因为这是一座火山，虽然外表普通，但不怒自威，真正的强大永远不是虚张声势，而是由内散发。

一瓶子不满、半瓶子晃荡的人，往往更喜欢讨论成功的负面影响，而真正处于顶尖位置的人则专注于他们的事业，无暇顾及旁人的议论。

成功和地位带给人的真正体验，常常与外界的假设不符。农妇认为皇后娘娘早上起来就吃柿饼，中午想吃多少蛋炒饭就吃多少，其实这只是她的臆想。而真正的皇后娘娘，自然不会把柿饼当成美味，也不会把蛋炒饭当成珍馐。

没有成功的人常常会安慰自己："成功者也是要付出代价的，甘于平淡就无须付出那些代价。"但真正成功的人往往不会停留在讨论成功的代价上，而是继续前行，追求更高的目标。我们始终要记得，对于成功的真正理解，应来自那些真正经历过的人，而非那些只观望的旁观者。

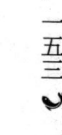

天机——九十九句处世箴言，一句能顶一万句

说高处不胜寒的人都在半山腰，真正在高处的人懒得和你说话

高处不胜寒，他那么高大，一定又冷又寂寞。

操心这个干什么？他甚至都看不到我们。

无须强求他人赞同，也不用强行改变自己去迎合他人。每个人都有自己专属的衡量度，没有受到一个人的认同，并不是你做得不对，而是你的刻度不在对方的标杆上。

有的人在你看来只会吹牛，满嘴充斥着假大空；但放在另外一些人眼里，这就是有信念感的表现。

有的人在你看来懒惰，做事效率低，对所有工作都敷衍了事；但放在另外一些人眼里，他松弛感满满。

不管是在职场还是在生活中，这种情况屡见不鲜。我们不需要跟三观不同的人苦苦纠缠，**跟不同类的人在一起，这本身就是最大的错误。**

人生苦短，不如勇敢地做自己，哪怕这意味着要面对孤独和不解。最终你会发现，那些真正欣赏你、懂你的人，自然会被你独特的光芒所吸引，无须刻意，自成一派。

> 天机
> ——九十九句处世箴言，一句能顶一万句

三观没有标准，天鹅与乌鸦在一起飞，就是原罪

不是一个圈子就别硬融！

怎么看一个人是不是"潜力股"？最简单的方式，是看对方是不是一个情绪稳定的人。无论是寻找人生的另一半，还是寻找事业的合作伙伴，**找情绪稳定的人，永远没错**。

一个情绪稳定的人，即便遇到人生的低谷，他们也能更容易地走出来，迈向高峰。

战国策士苏秦原本穷困潦倒，甚至一度被家人视为百无一用。他数次奔走各国求职，却均被拒之门外。但他即便遭遇再多的坎坷，也能够从容应对，并不断提升个人的能力。最后水到渠成，苏秦提六国相印，名垂青史。

情绪稳定不仅是个人成功的重要因素，也是抵御外界压力、克服困难的关键能力。一个能够控制自己情绪的人，能够更好地面对挑战，做出理智的决策，保持个人的内心平和，从而在各种环境中表现出强大的内在力量。

天机

——九十九句处世箴言，一句能顶一万句

情绪稳定的人，没有一个弱者

> 你内心的所有崩溃，最后被炸伤的，只有你自己。人活一世，要松弛些、淡定些……

春秋时期，楚国经常对周边国家发动战争，而当人们因此斥责楚国人时，他们居然说："我乃蛮夷！"意思是说，我本来就是蛮夷，打你怎么了？

面对这种情况，晋文公对楚国发动了城濮之战，以最为暴力的手段击垮了楚国的军队。此战过后，楚国老实了不少，晋国获得了几十年相对的和平与稳定。

世界的本质，就是吃硬不吃软。和平需要通过坚定的斗争来维护，个人的尊严和生存环境也同样需要坚定地去争取。比如说要账，你好言好语讨要，对方却得寸进尺；而当你要拿起法律的武器时，对方又会立刻变得态度温良。

在团队合作中，展现出坚定和果断的态度可以迫使环境变得更加有序。在这里，"凶狠"是指果断、坚决的立场和行动，这种态度在适当的情况下可以使混乱的或不稳定的情况变得有序。

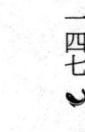

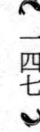

当你"凶狠"地对待这个世界，它才会变得温文尔雅

天机——九十九句处世箴言，一句能顶一万句

世界有时就像一只土狼，你得表现得凶狠又强大，这样它才会乖乖匍匐在你面前。

猫吃鱼是其天性，如果看不到这种天性，将猫和鱼放在一起，那犯错的其实是你。很多时候，**问题的根源并非在于行为本身，而是在于那些通过决策塑造行为环境的人**。所以在做任何决策和行动之前要进行周密的思考。

如果你是一个决策者，应该对可能引发的后果承担完全的责任，而不是仅仅对后果本身做出反应。这种前瞻性和责任感是有效管理和决策的关键。在人际关系、财务管理、健康维护等方面，采取预防措施往往比事后处理问题要有效得多。

比如，我们应该把小偷抓进监狱里，而不是把他关在金库里。

通过理解和尊重自然本能、行为规律及环境因素，我们可以更有效地防止问题的发生，而不是事后寻找责任。这不仅是对自己负责，也是对我们所管理或影响的人和物负责。

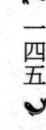

天机——九十九句处世箴言，一句能顶一万句

如果你同时养了猫和鱼，猫吃了鱼，你除了责备猫，更应该责备自己

> 你这调皮的毛病怎么就改不了！

> 子不教，父之过……

情绪价值如果建立在其他价值之上，才是"加分项"，光有情绪价值，不能提供其他价值，那么情绪价值一文不值。在面对经济困难或生存挑战时，单纯的温柔可能会被视为软弱或无能。一个贫困的人，尽管可能拥有善良和温柔的个性，但这些品质并不能直接转化为改善他们经济状况的利器。

当一个人"除了温柔一无所有"，就莫怪别人只看到一无所有，看不到你的温柔。

然而，这并不意味着我们应该放弃温柔和善良。关键是要知道如何平衡心中的温柔与必要时的坚决和果断，使之成为推动生活向前发展的力量。在面对生活的严峻挑战时，除了保持内心的善良和温柔之外，更应该发展那些可以直接帮助我们克服困难的能力和特质。这样，我们不仅能保护自己不被生活压垮，也能在逆境中成长和前行。

天机 ——九十九句处世箴言，一句能顶一万句

穷困潦倒时的温柔最是无用

你不卖，那我可就收走了……

就给这么点儿，可这是我的全部家当，都是我呕心沥血创造的宝贝。

把全部家当拿出来卖的人，能做出什么宝贝？

天上不会掉馅饼，但地上一定会有免费的陷阱。

世上没有任何一个商家会心甘情愿地"免费提供"任何商品，在看似免费的交易背后，消费者的注意力、数据和隐私往往成为被交易的商品。

许多网络服务和应用宣称免费，用户在享受免费服务的同时往往未意识到，这些数据随后可能被用于广告定向，甚至在你没有明确表示同意的情况下被卖给第三方数据公司。

鱼钩上的饵是免费的，捕兽夹上的肉也是免费的。只看到眼前的蝇头小利，而忽视其背后隐藏的巨大风险，是人们坠入深渊的根源。

得到任何东西都需要付出代价，免费的午餐往往是最昂贵的陷阱。别再为那点蝇头小利沾沾自喜，因为你付出的，可能是你最宝贵的隐私，甚至是生命。

当你因免费的商品而沾沾自喜时，其实你才是商品

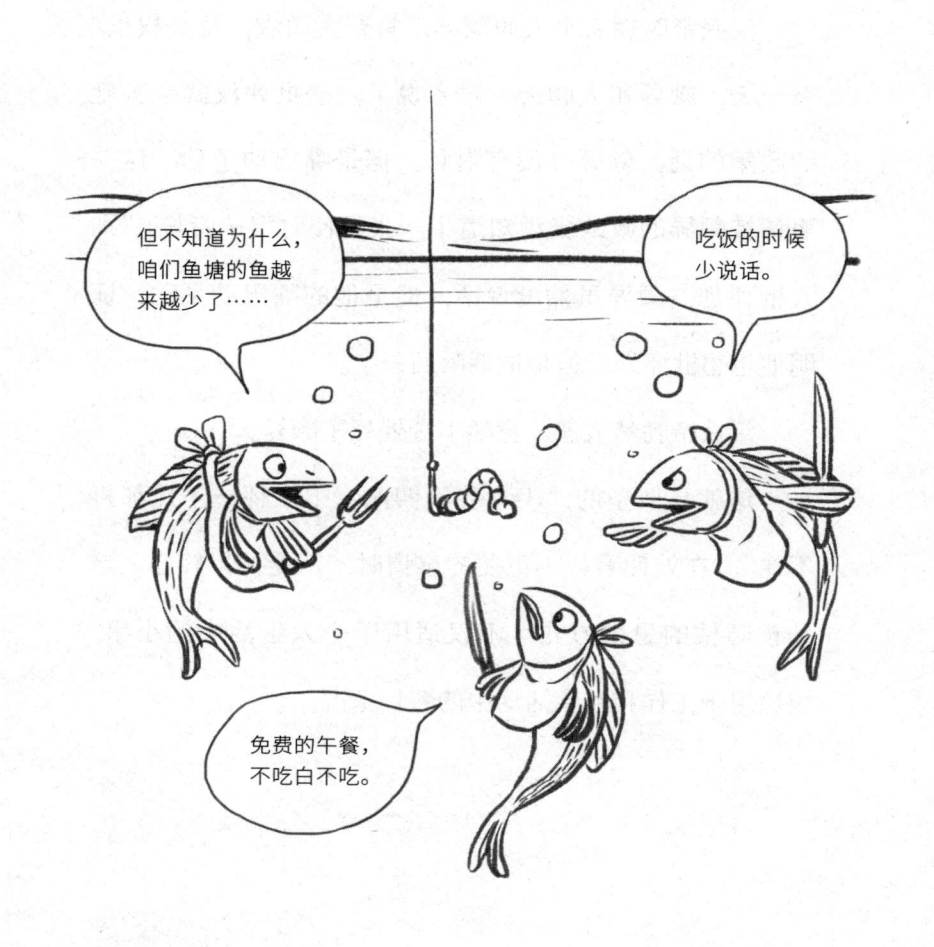

> 但不知道为什么，咱们鱼塘的鱼越来越少了……

> 吃饭的时候少说话。

> 免费的午餐，不吃白不吃。

大事可以化小，小题可以大做，一件事情造成的影响，其实是很难控制的，如果有人想要揪着你的错借题发挥，那么你的一些微小举动，也会成为他们攻击你的把柄。

汉武帝时期有个人叫颜异，官至大司农，位高权重。有一天，颜异和人聊天，对方说了一些批评汉武帝实施的政策的话，颜异并没有附和，但是嘴巴动了动。这件事情被颜异的政敌张汤知道了，张汤便对汉武帝说："别人批评您，颜异虽然没说话，但是他的嘴巴动了动，证明他也想批评您，但是把话咽回去了。"

汉武帝勃然大怒，竟然下令处死了颜异。

这就是典型的"不上秤没四两，上了秤一千斤都打不住"。在处理看似不重要的事情时，不能掉以轻心。这种预防性的思维方式，不仅适用于个人生活中的小事，也适用于工作和社会活动中的各种情况。

天机

——九十九句处世箴言，一句能顶一万句

有些事"不上秤没四两，上了秤一千斤都打不住"

> 刚才还只是个小线头，现在让你一补，反倒全走光了！

> 啊……这……

砍柴的和放羊的，是两个不同的行业，聊得再融洽，还是谁也帮不到谁，所以，此类社交属于"无效社交"。

无效社交的特点，就是空洞的言谈、虚伪的交往与毫无实质内容的应酬，既耗费时间，又浪费精力，最终只会耽误事。

东晋时期有个名士叫谢安，此人最喜欢交朋友，家里常年聚集着许多文人墨客，共享诗酒之乐。然而，当谢安失势时，那些文人墨客非但帮不上忙，还不乏落井下石者，那些平日里的欢聚变成了空洞的回忆。

为了迎合世俗而交往，其结果不过是增加表面上的繁华，实则心灵极度空虚。所以，我们应当找对的人，说对的话。

天机——九十九句处世箴言，一句能顶一万句

你是砍柴的，他是放羊的，
你和他聊了一天，
他的羊吃饱了，你的柴呢

飞鸟与游鱼，这就是爱情最凄美的样子吧！

哦，不，这叫"鸟喙不对鱼唇"，都不是一个领域的，怎么做朋友？

心理学研究表明，人们倾向于寻求完整的信息和清晰的结局，因为这可以减少心理上的不安，提高决策的效率。

当我们难以获得完整信息的时候——比如遇到只有"半杯水"的情形，便会感到不安和焦虑，因为它迫使我们面对不完整性和不确定性——它究竟是只有半杯，还是别人喝剩下的呢？

在生活中也常见这种情境，比如领导对你的评价可能既有积极的也有消极的方面，这会让你难以捉摸领导的真实意图，因而陷入苦恼中……面对类似的苦恼，我们首先应该认识到——**不确定性是现实生活中不可避免的一部分**，我们需要两种心态来应对生活的不确定性：

第一种心态叫平常心，人生总有残缺，信息的残缺只是其中一部分而已，我们需要接受这种残缺。

第二种心态叫积极应对。因信息残缺而焦虑是毫无作用的，我们更应该积极寻求更多的信息，通过沟通和学习来补全信息，如此一来便可以有效减少不确定性带来的焦虑。

半杯水之所以让你不舒服,
是因为你弄不清,它是未斟满,
还是别人喝剩下的

迷茫时，与其在黑暗中寻找前方的出路，不如回头检查自己走过哪些错路。

纠错，很多时候看起来是无法改变既定结果的"无用功"，但实际上，是避免在同一个地方摔两次跟头的明智之举。纠错的能力，其实是一个人的核心竞争力之一，善于纠错的人，一定是能够取得长足进步的人。相反，若不会纠错，则难免原地踏步、裹足不前。

有这样一个故事，一位丈夫的西装掉了一颗扣子，他找遍商场，也没寻到同款纽扣。于是他打电话给妻子求助，妻子大笑说："那干脆把其他扣子都换了，不就成了？"丈夫恍然大悟。

纠错，就是给人生"排除错误选项"的过程，这种通过排除法简化决策过程的策略，不仅可以减少你的决策负担，还可以提高你做出正确选择的概率。

当你不知道什么事是对的时候，就去找什么事是错的

> 你知道正确的路吗？

> 不知道。但我知道哪些路是错误的，走不通的。

普通人尽量不要去学哈姆雷特，不要去思考"生存还是毁灭，这是个问题"之类的问题。因为一旦我们开始思考所谓的关于人生终极意义的宏大命题时，往往会发现自己在宇宙的广阔中显得微不足道。

而我们，终归是要在现实中生活中的，我们的存在本身就是生活的意义，并不是要搞明白"为什么存在"之后，生活才有意义。当一个人开始质疑自己存在的价值时，往往会陷入行动和决断的瘫痪中。开始思索人生的本质时，会发现自己的定位越来越模糊。

我们生活在一个信息爆炸的时代，思索和反省似乎成了现代人的常态。社交媒体上的心灵鸡汤、哲学书籍的盛行，仿佛每个人都在追问人生的意义。然而，过度思考的背后，往往是行动的缺失。我们陷入思考的泥潭，忘记了最重要的一点：**人生需要行动，而不仅仅是思索**。

天机

——九十九句处世箴言,一句能顶一万句

当你开始思索人生是什么时,你已经什么都不是了

> 日出而作,日落而息……这样枯燥的生活有意义吗?

> 把思考生活意义的时间拿来种田,我起码还能看到粮食成熟,但是你呢?

个人成长是个自我超越的过程，注定是孤独的。**不要再向别人倾诉你的痛苦了，因为大家都懒得听。**

苏轼一生坎坷，多次被贬谪至偏远之地。虽然他誉满天下，但是他的坎坷经历在别人看来完全是咎由自取，谁会把他的磨难放在心上呢？

但是，对于苏轼自己而言，正是这些看似无足轻重的经历，磨砺了他的意志，也丰富了他的创作灵感。

他在逆境中写下了大量脍炙人口的诗词文章，终成一代文豪。苏轼的成长之路，就是一个人在孤立无援中不断探索与自我超越的过程。

竹杖芒鞋轻胜马，谁怕，也无风雨也无晴。

每个人的成长之路都是独一无二的，在成长的道路上，能够陪伴我们走到最后的，只有我们自己。所以，挺起胸膛，一直往前走吧。

你的经历在别人眼里无足轻重，成长本就是孤立无援的过程

天机——九十九句处世箴言，一句能顶一万句

人际交往需要边界感，我们在尊重他人的选择的同时，也应认识到每个人所面临的各种问题，其背后都有复杂的成因，外人不应轻易干预。

正所谓："**疏不间亲，卑不谋尊。**"

低位者不参与有关高位的谋划，关系疏远的不掺和关系亲近者之间的问题。

每个人都有自己的成长轨迹和人生课题，作为旁观者，我们或许能看到问题的另一面，但直接参与，反而会引火上身。

适度的提醒与引导远比强制性的纠正更为有效。我们要学会尊重他人的选择和决定，理解并接受每个人都需要在自己的因果中历练、成长。

保持边界感，不仅是一种人际交往的艺术，更是一种深刻的人生智慧。它教会我们如何在复杂多变的世界中，保持一颗平和与尊重的心，让彼此的生命都能按照其应有的轨迹自由绽放。

天机
——九十九句处世箴言，一句能顶一万句

克制自己去纠正别人的欲望，不要随意介入别人的因果

不知好歹！我好心劝架，你们反倒联起手来一起打我！

我们夫妻打情骂俏，关你何事！

想让别人看得起你，首先得让别人看得见你。你自轻自贱，别人对你的鄙夷只会变本加厉。太多人为求名利，在高位者面前前倨后恭，被人当成笑柄却不自知。

人不可以有傲气，但必须有傲骨。

三国关羽因有傲骨，面对强者不卑颜、不屈膝，使他为天下敬仰，为青史传颂；南宋秦桧谄媚敌军得以苟活，结果受尽后世唾骂。

每个人都会遇到各种各样的困难和挑战，有时甚至会感到无助和绝望。如果我们选择屈服，选择放弃，那么就会像跪倒在地上的人一样，失去了自我，也失去了前进的力量。

如果我们能够坚守内心的信念，保持自尊和自立，那么无论外界如何艰难险阻，我们都能够挺起胸膛，勇敢地面对。

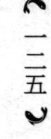

天机
——九十九句处世箴言，一句能顶一万句

只要你不跪着，这世上没人比你高

在这个世界上，不卑躬屈膝，别想大富大贵。

谬论！跪着能挣的钱，站着也能挣，而且能挣得更多。

所谓的"命运",实则是内心深处那些未被审视、未经雕琢的潜意识观念与习惯,在悄无声息地引导着我们的选择与行动。

你因为赖床,眼看上班就要迟到了,着急忙慌吃了早餐,结果忘记付钱,跟老板发生口角;路遇堵车,差点闯了红灯……倒霉的事让你碰了个遍,迟到后你还要说是命运在捉弄你。如果你早起半个小时,"命运"根本懒得看你一眼。

潜意识所培养出的惯性虽无形,却拥有强大的力量。它既能成为我们前进道路上的绊脚石,也能成为推动我们超越自我的源泉。

当我们面对生活的种种挑战与困境时,不妨**停下脚步,深入内心,去倾听那些潜藏在深处的声音**。当我们学会与潜意识对话,理解并驾驭它时,便能笑着说:"我命由我不由天。"

潜意识在操纵你的人生，而你却称其为命运

天机——九十九句处世箴言，一句能顶一万句

> 大师，我未来的命运如何？

> 若我所料不错，你今后该爱的还是会继续爱，该恨的还是会继续恨，就像你饿了就想吃饭，困了就想睡觉……

> 果然是大师啊！说得分毫不差！

人常常在忙碌与焦虑中徘徊，心灵被各种欲望、担忧、比较所充斥，仿佛背负着沉重的行囊，在人生的道路上艰难前行。

很多人认为，焦虑来源于物质不足或地位不高，想当然地觉得：只要能跻身上游，就不会焦虑了。人之所以活得累，很多时候并不是因为受到了客观环境的影响，而是因为内心装满了太多东西，心灵过载所致。把该你想的，不该你想的，全都装到了自己心里。

还没来的就不要去猜。

内心不宁静、活得很累的人，往往是因为他们承担了巨大的责任和压力。学会放下那些多余的东西——无论是过度的欲望、无谓的担忧，还是对他人的过度关注与评价——是通往轻松生活的关键。正如吃饭七分饱，留有余地，我们的心灵也需要适时地"减负"，以保持其敏锐与活力。

天机——九十九句处世箴言，一句能顶一万句

活得累是因为心里装了多余的东西

你好。

如果我也说你好，会不会显得我这个人太随便？

给他留下了坏印象，今后工作中他会不会排挤我？

难难难……跟人打交道怎么这么难……

古语所云:"夏虫不可语冰,井蛙不可语海。"与那些格局狭小、行为不端之人纠缠,无异于自降身价,浪费了成长的机遇与心灵的宁静。

人生短暂,时间宝贵。与其在不值得的人和事上浪费精力,不如将心思放在自我提升、家庭幸福、社会贡献等更有价值的事情上。**学会放下,是一种智慧;懂得超脱,是一种境界**。当我们能够以一种更加宽广的胸怀和长远的眼光,去看待生活中的种种挑战时,就会发现,那些曾经看似无法逾越的障碍,其实都不过是成长路上的小小绊脚石。

保持一颗清醒的头脑,一份坚定的信念,远离负能量,拥抱正能量,才能让生命之花在更加广阔的天空下绚丽绽放。

天机
——九十九句处世箴言，一句能顶一万句

人生最大的荒唐，
就是在不值得的人与事上纠缠

真倒霉，怎么被你这种人缠上了！

明明是你先靠上来的……

你是不是不喜欢我了?

你为什么这么说?

这件事是不是你干的?

你有什么证据?

你是不是还放不下?

谁说的?我有什么放不下?

当一个人用疑问句回答疑问句时,往往是被说中了,**而他的疑问,只是一种无力的反驳。**

用疑问回答疑问,往往是因为回答者已经敏锐地捕捉到问题背后的真正意图,并以一种巧妙而有力的方式进行回应。

这种回应不仅直接针对问题本身,更通过反问、质疑等方式,引导对方进行自我反思,从而达到更好的沟通效果。应用得当的话,这种方法也可以成为一种高明的沟通技巧。

天机
——九十九句处世箴言，一句能顶一万句

用疑问句回答疑问句时，一般是说中了

师父，我是不是很笨啊？

你怎么会这么想呢？

有那么一点。

你在乎什么，什么就会成为你的软肋，在乎的东西越多，软肋越多，软肋多的人，不可能获得成功。

所以，当你什么都不在乎的时候，就是你最无懈可击的时候。

那时，你的人生才能无往不利。

人生是一个不断"冷却"的过程，只有放下那些没有意义的激情，才能把有限的精力和时间用到最恰当的地方。

人生的旅途中，我们往往会被各种外在的因素所牵绊，如金钱、地位、名誉等。这些追求虽有其合理性，但过分执着往往会让人失去内心的宁静与真实。当我们学会放下这些外在的束缚，不再过分在乎它们时，我们的心灵才能得到真正的释放，从而更加专注于内心的成长与追求。

达到如此境界之后，人才能够真正成熟，以一个"完全体"的状态投入到更有意义的事业中去。

天机
——九十九句处世箴言,一句能顶一万句

当你什么都不在乎的时候,人生才算刚开始

> 师父,我怎么飞不起来啊?

> 因为你的翅膀上绑着太多无关紧要的东西。

战国时，齐宣王让淳于髡举荐人才。淳于髡一天之内接连向他推荐了七位贤才。齐宣王认为淳于髡在诓骗自己。

淳于髡则回答说："同类的鸟总一起飞翔，同类的野兽总一起行动。人们要挖掘柴胡、桔梗这类药材，如果到水泽去找，肯定永远找不到；要是到梁文山背面去找，便得来全不费工夫。因为天下同类的事物，总是要相聚在一起的。我淳于髡也算贤士，所以让我推荐贤才，就如同在黄河里取水，在燧石中取火一样容易。"

自己是什么样的人，就会吸引来同类人，物以类聚，人以群分，是再正常不过的社会现象。**善良的人结伴而行，彼此温暖**；恶毒的人狼狈为奸，害人害己。

天机——九十九句处世箴言，一句能顶一万句

你是什么样的人，就会吸引什么样的人

"善"是一种投资，虽然这种投资的出发点不是以获得回报为目的，但它终究会在你意想不到的时候，产生丰厚的收益。

一位农夫救了贵族的儿子，贵族为了感谢农夫，资助他的儿子去读医科大学，农夫的家族从此逆天改命——这是这位农夫的善举带来的余庆。

这位贵族的儿子长大之后，做了大官，却不幸染上致命病毒，眼看就要丧命。但幸运的是，那位医科大学毕业的农夫的儿子，研究出了一种特效抗病毒药物，拯救了这位贵族的儿子的生命——这是这位贵族的善举带来的余庆。

"善有善报，恶有恶报"，不是虚无缥缈的道理，而是被历史反复证明过的事实。通过不断的善行积累，个人和家庭能够营造出一种积极向上的氛围，吸引更多的正能量和好运，从而在生活、事业等各个方面都取得更好的成就。

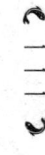

天机
——九十九句处世箴言，一句能顶一万句

积善人家，必有余庆

善因　　恶意

种瓜得瓜，种豆得豆，种其他东西也一样。

能够"相互利用",是人际关系中最好的状态。彼此有用,是一段关系能够走得稳、走得远的前提。

古代丝绸之路之所以能够保持长久的繁荣,正是因为沿线各国能通过这条路各取所需,东方的丝绸、茶叶、瓷器,西方的香料、珠宝、玻璃制品,通过这条商路源源不断地流向双方的市场,满足了双方的需求。

国与国需要"相互利用",人与人也是如此,当两个人能够明确各自的需求,并在此基础上建立起公平、合理的互利关系时,这种关系往往能够经受住时间的考验,成为最稳定的存在。**因为各取所需,所以彼此依赖;因为互利共赢,所以相互尊重。**

古人言:以利相交,利尽则散。许多人因此认为,互相利用的关系是不长久的,但事实上,"散"的前提是"利尽",如果能够在人际关系中维持长期的共同利益,则不存在利尽则散的问题了。

天机
——九十九句处世箴言，一句能顶一万句

世界上最稳定的关系，是各取所需

从今往后，我就是你的眼，你就是我的腿。

这就叫——刚需。

明知不可为而为之，是在没有选择时不得已的孤注一掷。而在人生的大多数时候，明智的放弃要胜过盲目的执着。

成功不是一条单行道，明智的放弃不是逃避，更不是妥协，而是基于对现实的清醒认识与对未来的深远谋划。

在一条不适合自己的路上闷头走到黑，除了撞得头破血流，不会有任何收获。命运不青睐固执者，只偏爱智者。

有的人放下键盘，拿起画笔，便从一文不名的打工族，成为被万人追捧的大画家。

有的人脱下西装，背起行囊，便从业绩不佳的推销员，成为火爆网络的旅游博主。

灵活变通是一种智慧，在适当的时候调整方向，以最小的代价达到目标，才能笑到最后。正如古人所云："穷则变，变则通，通则久。"

天机——九十九句处世箴言，一句能顶一万句

明智的放弃胜过盲目的执着

大师，我悟了。您让我紧握这块红薯，是想告诉我，不管有多痛苦，也要把想要的牢牢抓住。

不，我是想告诉你，该扔的东西就赶紧扔，再晚一些手就要烫伤了。

交心要慢，是指在建立深厚的人际关系前，要花时间了解对方，避免因盲目信任而受到伤害。绝交要快，则是提醒我们在发现对方有严重问题或发生不可挽回的矛盾时，应果断结束关系，避免更大的损失。

孙膑、庞涓都是鬼谷子的学生。庞涓先出师，到魏国当了一名将军。不久后，孙膑也出师了。庞涓知道孙膑的能力远高于自己，早晚会对自己不利，于是便决定把孙膑叫到自己身边，并伺机陷害他。

孙膑不知道庞涓的险恶用心，还以为对方是想要提携自己，于是便将庞涓视为知心朋友，毫不防备地来到了庞涓所在魏国。结果，庞涓却陷害孙膑，导致他落下了终身残疾。

当断不断，反受其乱。

孙膑这时才领悟了"交心要慢，绝交要快"的做人法门，于是他果断和庞涓分道扬镳，逃到齐国，最终彻底打败了庞涓。

天机

——九十九句处世箴言，一句能顶一万句

交心要慢，绝交要快

你跑什么？

人家都已经拿枪口对准你了，现在不跑，待会儿你想跑都跑不了了！

宰相肚子里能撑船，不是因为他成了宰相才内心宽广，而是因为他内心宽广才成了宰相。

真正的强者只关注自己的内心与个人成长，不以物喜不以己悲。而弱者总把注意力放在他人身上，将个人的能力不足与物质贫瘠的深层原因，全归罪于不相干的人身上，用尖酸刻薄来掩饰内心的贫瘠与不安。

这些人既见不得别人好，也无法容忍自己的平庸，于是用尖酸刻薄作为武器，企图在别人的不幸中找到一丝慰藉。

职场中，这样的人屡见不鲜，看到别人升职加薪，不去学习别人的成事手段，提升个人的业务能力，反而拉帮结派，拿着放大镜想从别人的"鸡蛋"上找到一丝缝隙。这样的人脚下的路越走越窄，最终再无立足之地。

刻薄与尖酸，能带来一瞬间的慰藉，但长远来看，遗患无穷。在这个世界上，充斥着负能量的人总是孤独无依的。

天机
——九十九句处世箴言，一句能顶一万句

刻薄是因为底子薄，尖酸是因为心里酸

那我便祝你的"好"日子看不到头。

大腹便便，一看就为富不仁，我看你的好日子快到头了。

人是理性与感性的结合体，但人最大的问题是——特别容易在该用情的时候讲理，在该理性的时候感性。**成就事业需要的是理性**。很多时候，如果太重感情，动辄心软，或是太放不下所谓的面子，动不动就"不好意思"，就非常容易把事情搞砸。

西楚霸王在鸿门宴上心存妇人之仁，导致霸业崩塌；曹操面对敌人时，理性到冷血，薄情到无情，最终三分天下、独霸北方。

那些最终在事业上取得成就的人，必须通过保持理性，设定明确的界限，勇于果断决策，最终才能在复杂的环境中生存和发展。历史和现实中的无数例子都在告诉我们，理性的薄情和无情并非冷酷无情，而是生存和成功的重要法宝。

> **天机**
> ——九十九句处世箴言，一句能顶一万句

心软和不好意思，只会杀死自己；理性的薄情和无情，才是生存利器

> 如今天下大乱，奸佞当道，民不聊生，我们需要大人您出来主持大局啊！

> 放手吧……我若出去，狱卒定当受罚，不好不好，这样不好……

世上没有免费的东西，那些你当下用很小的代价就能换来的巨大的利益，大都需要你将来用巨大的付出去买单，只不过你当时不知道罢了。

　　名著《断头皇后》的主人公是一位美丽的皇后，年轻貌美、位高权重，但是她生活放纵、极其奢靡，还不知收敛。最终，这位皇后的行为激起了国内的政变，她也被送上了断头台。小说的结尾说道："她还过于年轻，不会知道生活什么也不会白给。**人们从命运中得到的一切，冥冥之中都记下了它的价钱。**"

　　许多人渴望成功和财富，但往往忽视了背后的付出和牺牲。任何成就都不是轻而易举获得的，它们的背后都有我们看不到的努力和付出。你想要得到什么，又愿意放弃什么，是摆在每个人面前的永恒选择。

天机

——九十九句处世箴言，一句能顶一万句

命运赠送的所有礼物，早已在暗中标好了价格

> 这钱真是给我的？我都不知道该怎么谢你了！

> 不用谢，咱们这是一手交钱，一手交货。

天赋

果敢　勤劳　机智

人只要一开窍，做什么都能风生水起，做什么都能得心应手，只要一出手，便是成功；人如果不开窍，即便铆足了一身的劲头想要做事，到最后也只会摔个遍体鳞伤，一事无成。

被誉为"三百年来第一人"的王阳明先生，年轻时没开窍，"格"竹子将自己"格"到卧病不起，努力读书，却仕途坎坷，直到他在龙场悟道，提出"知行合一"的哲学理念后，才彻底改变了命运，成为中国历史上著名的哲学家之一，影响了无数后来人。

财富与地位并非单纯靠勤奋就能获得，更重要的是对世界的深刻理解和正确认知。在现代社会中，许多人每天辛勤工作，却依然难以致富。而那些真正富有的人，往往能够洞察市场的趋势，抓住机会，实现财富的积累。

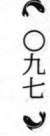

天机
——九十九句处世箴言，一句能顶一万句

财富是对认知的补偿，而不是对勤奋的奖赏

将人"掰开"了看，一半是宽容，一半是偏见。我们习惯将宽容留给自己，将偏见送给他人。你做了坏事，那你就是天性本恶；而我做了坏事，那心中必然有无法为人道的苦衷。

人们厌恶简单粗暴的脸谱化评价，却又热衷给他人贴上简单粗暴的标签，乐此不疲地上演一场接一场的"双标大戏"。

我们习惯将人性的阴暗面投射于他人，而将真善美留给自己，以此彰显自己的与众不同、道德高尚，却忘了人都是复杂的。你即我，我即他。

我们不愿正视复杂与矛盾，是因为缺少对生活深度探索的勇气，缺少与他人深度交流的胆量。

真正的智慧，是认清人性的多面性，面对真实的自己，承认自己的不完美，正视自己的错与对，唯有真诚与自省，才能让我们打破生活的桎梏，迈上属于自己的人生坦途。

天机——九十九句处世箴言，一句能顶一万句

人们都相信别人是单纯的坏人，自己则是复杂的好人

我跟其他贼人不一样，我是劫富济贫，我是江湖好汉！

同样的话我听过无数次了，耳朵都要起茧子了。

那些跟谁都合得来的"老好人",往往到最后都会泯然众人;而那些不合群的"刺儿头",反而能成就一番令人艳羡的事业。

这就是有无"独立思考"能力的区别。独立思考和行动是突破平庸、实现卓越的关键。太多人为了安全感和舒适感,选择随波逐流,依赖集体和权威。然而,真正的创新和突破往往来自那些敢于独立思考、勇于挑战常规的人。

想要成为一头"猛兽",必须敢于走出舒适区。**独行的猛兽之所以强大,正是因为它们敢于面对未知的挑战,不畏惧孤独和困难。**

一位创业者在选择项目时,不应只考虑市场的安全和稳定,而应着眼未来,勇于创新。

项羽敢于破釜沉舟,所以击败了强秦;三国时期,当所有人都畏惧北方袁绍的强大时,唯有曹操力排众议,发兵北上,最终以少胜多,一举击败袁绍,定鼎中原。

以史为鉴,想要成功,就必须成为猛兽,特立独行。

天机
——九十九句处世箴言，一句能顶一万句

猛兽总是独行，牛羊才成群结队

道不同，不相为谋……

看什么书啊，一起来快活啊！

来，接着玩儿。

渴望成功的，被名利场的尔虞我诈折磨得心力交瘁；追求爱情的，在患得患失中承受着孤独与分离的煎熬；梦想自由的，又被生活的枷锁牢牢困住。

空欢喜远大于失败所带来的痛苦，每一次空欢喜，都是一次自我否定与挫败感的累积。

人生至苦是求不得，这种痛苦生在骨髓里，让人难以释怀。

杨绛先生曾说："其实，折磨你的从来不是任何人的绝情，而是你一直心存幻想的期待。与其思念成疾，不如把深深的遗憾交给岁月。总有一天，那些你无法跨过去的坎，走着走着就填平了。"

与其在内耗中自我折磨，不如一点点放下，一点点看开。那些本不该属于你的，就任其自去。人生天地间，忽如远行客。生命短暂，与其挣扎于泥潭之中，不如放眼山河，静守本心，享受真正属于自己的生活。

天机——九十九句处世箴言，一句能顶一万句

你期望什么，
就会被什么所折磨

一念放下，便是坦途。

若能轻易放下，便不叫执念了。

欲望

欲望

歌颂苦难是无知，美化苦难是可耻，不接纳苦难是愚蠢。

成功者将苦难视为财富，是因为他们最终走出了苦难；对于始终在苦难中挣扎的人而言，苦难非但不是财富，还是枷锁。

众生皆苦不是一句夸张的话，当苦难来临时，无论情愿与否，都必须接受。在这个时候，你千万别有"这是对我的历练"之类的想法，你要做的，是赶快走出苦难，否则你将被苦难困于苦海之中。

苦难既不是值得歌颂的荣耀，也不是可以逃避的障碍，而是我们人生道路上的必修课。通过正确地接纳和应对苦难，方能笑看生活，无畏而行。

天机

——九十九句处世箴言，一句能顶一万句

歌颂苦难是无知的，
但不接纳苦难是愚蠢的

> 大家再加把劲，吃得苦中苦，方为人上人啊！

> 要不然你下来试试。

> 飞上枝头的乌鸦都风趣，人生最难吃的东西，就是这"苦"啊！

一个人说"说真的"时，后面的话未必是真话。可当一个人说"我说的都是废话，你随便听听就好"，这句话后面的话，十有八九是真心话；而当一个人在话末说"我刚才就是开个玩笑，你别当真"时，那么他前面说的话，极有可能是真心话。

人们之所以要把真话包装成废话和玩笑话，是因为在成年人的世界里，说真话要"负责任"，而说废话和玩笑话则无须负责。正是为了规避责任，所以人们才更倾向于说废话、玩笑话。

曹操、刘备青梅煮酒论天下英雄，整场对话表面上看起来轻松愉快，实际上暗流涌动，是因为他们两个人都想用不撕破脸的方式，探查对方的真实意图，所以一个说废话，一个说玩笑话，但实际上，**废话和玩笑话里藏着的，都是真话**。

天机
——九十九句处世箴言，一句能顶一万句

成年人的真话，往往包装成"废话"和"玩笑话"

大人，活得好累呀！

我不愿意

我再考虑考虑

对了，你吃饭没有？要不然我们先吃饭，这件事先放放……

低级的欲望，往往属于"即时满足"——吃一块糖，当时就很幸福，长胖是以后的事儿；抽一根烟，当时就挺上头，患病是将来的事儿；拖延度日，当下就挺安逸，代价是明天的事儿。

高级的欲望，则大都是"延时满足"——认真学习的成果，要在考试时才能看到；努力锻炼身体，得经过几个月的坚持才能有效果；一个好习惯的影响，甚至需要数年时间才能得到回馈。

隋炀帝放纵无度，当时想必极快乐，但等到国家衰败、烽烟四起时，一定加倍痛苦。

人的一切快乐，背后都需要付出代价：今日就能唾手可得的快乐，必定以将来的痛苦为代价；将来卓尔不群的快乐，必须以当下暂时的苦修为代价。活在当下没错，前提是你可以承担日后所要付出的代价，若不能承担，还是苦在当下、乐在将来更稳妥一些。

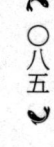

天机——九十九句处世箴言，一句能顶一万句

低级的欲望放纵即可获得，高级的欲望只有克制才能达成

老兄，你每天这么锻炼不累吗？该吃吃该喝喝，这才叫爽啊！

子非我，安知我之乐？

不与俗人争利，是因为俗人把利看得比命重，伤其利益如害其性命，难免招致极端反击。

不与文人争名，是因为文人好名，挡住他的成名之路，他难免口诛笔伐、喋喋不休。

不与无谓之人争气，是因为既然彼此没有利益纠葛，何必滋生负面情绪？争赢了没有一丝一毫的好处，争输了气上加气。

不争，是大智慧，因为"夫唯不争，天下莫能与之争"——不和俗人争利，俗人就伤害不了你的利益；不和文人争名，文人就败坏不了你的名声；不和无谓之人争气，不相干的人就不能给你气受。

人必先懂得不争，才能搞明白值得争取的究竟是什么，要不然，**总是在细枝末节、可有可无的事情上争来争去，以为是在捍卫利益，实际上却是在消耗精力**，到了真需要你全力争取的时候，反而没了心气儿。

天机——九十九句处世箴言，一句能顶一万句

平生有三不争：
一不与俗人争利，二不与文人争名，
三不与无谓人争气

无谓之争，伤人伤己！

充斥在人们耳边的"效率！效率！效率！"，催促着每一个人加快脚步。人人都行色匆匆地赶路，就连语速都不由自主地加快，人人都是一副只争朝夕的姿态，过去把一分钱掰成两半花，现在是把一天当成两天用。

于是，人开始变得急躁，又变成浮躁，萝卜快了不洗泥，做事情"撒汤漏水"成了常态。如此情形下，冷静和耐心则成了稀有品。真正有意义的事，是急不来的。**成事要讲究天时地利人和**，时机未到，急也没用。

在这个处处着急的时代，不如反其道而行之，在追求效率的同时，不忽视冷静和沉稳的重要性。在处理事务时从容不迫，在人际交往中宽容理解，在表达自己时谨慎得体，以此来追求真正圆满、安宁和美好的人生境界。

天机——九十九句处世箴言，一句能顶一万句

事缓则圆，
人缓则安，
语迟则贵

你这个年纪是怎么睡得着的？工作找到了吗？房子买到了吗？感情圆满了吗？

要花一辈子去做的事，别妄想用一晚上想明白，别着急，慢慢来。

学的目的，就是给自己争取一个上手的机会。

有资格上手了，才能检验自己学得怎么样，更关键的是，只有真正上手，才能精进。而"上手"，指的就是练。

赵括阅遍兵书，没上手带过兵，最后也只能落个折戟沉沙的下场；程咬金不学无术、天资有限，但上手的机会多，最后也能成为一代名将。医学院的学生，拿再多的优秀学生奖，给人开刀做手术时，病人和家属也难免不信任；白胡子老医生站在手术台前，病人都感觉自己有救了。

学不如看，看不如练。

知识和技能的掌握不仅需要学习和观察，更需要不断地实践。只有通过亲身体验和反复练习，才能真正内化所学，变成自己的能力。在追求卓越的道路上，实践是最好的老师。

天机

——九十九句处世箴言，一句能顶一万句

千学不如一看，
千看不如一练

纸上得来终觉浅，绝知此事要躬行。

这……这到底是怎么做到的？看来我还需要回去多看两年书，才能下笔。

十里认人，是因为周围的人了解你，对于了解你的人而言，你的言行、能力、品德才是最好的标签。

百里认衣，是因为如果你离开了自己的社交圈，陌生人无法看到你的内在，只能通过你的外表来定义你。

人靠衣服马靠鞍，千古未曾变。

宋代有名的清官包拯，在开封当府尹时，非常不讲究穿着，经常以一身简单的官服示人。而当包拯到其他地方巡视时，必然会穿上朝廷配发的华丽官袍，只因为若不穿这身衣服，别人就会怀疑他的身份，办起事来阻力重重。

一个人的穿着打扮和言谈举止，往往是他人对其产生第一印象的基础。注重自己的外在形象，尤其是在正式场合，得体的穿着和礼貌的行为能为我们赢得良好的第一印象，与此同时，也要不断提升自己的内在素质。

天机——九十九句处世箴言，一句能顶一万句

十里认人，百里认衣

此物气宇轩昂，羽毛华丽，想来应该是传说中的凤凰。

人与人之间对彼此的评价，其实都不具体，**每个人只能看到另一个人的"侧面"**，通过这个侧面，再去想象他的"全貌"。

我们总爱将他人镀上金边，用想象填补现实的空白。那些网络上的光鲜亮丽，朋友圈的精致生活，皆是我们心中欲望的投射。我们幻想对方拥有我们渴望的一切，却忘了剥去这层想象的外衣，他们或许也只是普通人，有着不为人知的烦恼与挣扎。

你把对方想象得过于完美，就会将自己的姿态放到最低，百般讨好，这反而会令人心生厌恶，丧失他人对你的尊重。自己对他人的美好想象可能并不完全真实，不要因为崇拜一个人而忽视他们的缺点。唯有通过实际了解和接触，才能形成客观全面的认识。

天机——九十九句处世箴言，一句能顶一万句

他人最大的魅力，来源于你的想象力

大人日理万机，此刻沉思，定然是在心中构建宏图伟业，真让人自愧不如。

晚上吃什么……

尊严是实力的副产品，自尊需要能力做背书。

尊严是从实际成果里来的，任何抛开成果谈尊严的行为，都不过是自我感觉良好。工作上做不出成绩，想让同事尊敬，不可能；学习成绩很差，想要得到同学的尊重，也很难。人们会因为品格、能力、学识而尊重一个人，前提是，得让他们看见你做的高品格的事、高能力的成果、高学识的展现。

莎士比亚在刚出道时也曾遭到同行的侮辱，而莎士比亚声名鹊起之后，侮辱他的人又来喝彩。

成绩是获得尊重的最好的抓手，它不仅能带来外界的认可，更能让你在竞争中脱颖而出。尤其是在职场中，我们要努力完成每一个任务，争取每一个机会，用实际行动证明自己的价值。

这个世界并不在乎你的自尊，只在乎你做出来的成绩

> 我辛辛苦苦画出来的东西，你轻而易举就否定了，你考虑过我的感受吗！

> 拿这种东西来"污染"大家的眼睛，你又何曾考虑过别人的感受？

人性与兽性看似对立，实际上它们之间存在着微妙的平衡——无人性，不配为人；无兽性，难做人。

所谓兽性，就是以生存作为第一要务的本能。就如李世民在玄武门向亲兄弟射出的箭，若单以人性论，诛杀亲兄弟，怎么说也是违背人性的大逆举动。但考虑到李世民当时的处境、兄弟们的所作所为，历史给这一行为的评价是：李世民当时展现出的兽性是必需的，情有可原。

我们要追求人性的光辉，但是切不可抵触兽性的生存本能，在追求和谐与温情的同时，也要保持一份勇敢和果断。只有在人性与兽性之间找到平衡，我们才能在复杂的社会中立于不败之地，实现真正的成功和幸福。

天机
——九十九句处世箴言，一句能顶一万句

失去人性，失去很多；
失去兽性，失去所有

大师，我们七八天没吃东西了，这个时候就收收你的善心吧！

善哉善哉，万物有灵，我怎能轻易杀生……

在社会中，成功往往会吸引人们的目光，这种关注不仅仅是对成就的认可，更是对成功者背后资源和机会的渴望。如同猴子爬树一样，爬到高处的猴子往下看，看到的是一张张笑脸，而身处低位的猴子往上看，只能看到一个个红屁股。

当我们在享受成功带来的美好时，更要保持清醒的头脑，认清哪些是真正的朋友，哪些只是利益的追随者。**真正的朋友不会因为你的失败而远离你，他们会在你需要帮助时伸出援手**。那些只想着从你这里获取好处，而不愿意付出的"好人"，往往是被利益驱动的。

成功带来的不仅是荣耀，还有复杂的人际关系。在追求成功的路上，我们要保持清醒，认清真正的朋友，用真诚和善意对待他人，才能在繁华与落寞中找到真正的归属和安心。

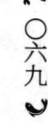

天机——九十九句处世箴言，一句能顶一万句

你成功后，身边都是"好人"

果然，世上还是好人多啊……但以前我怎么没发现呢……

今后还请您多多关照啊！

往后有什么需要尽管开口，咱俩谁跟谁啊！

仇人　　敌人

嫌人穷——嫌弃的是穷人对自己"毫无用处","穷亲戚"还可能成为自己的负担。

怕人富——怕的是自己与之相比显得不足，或担心富有者利用其财富和权力损害自己的利益。

恨人有——恨的是对拥有优势或资源的人，这种心态常源于嫉妒，因为嫉妒，所以产生怨恨。

笑人无——笑的是一无所有的失败者，通过笑他们，来满足自己可怜的优越感，通过贬低他人来抬高自己的价值感。

用这句话来提醒自己，就是要让自己放下内心的嫉妒、恐惧、自卑或虚荣。

用这句话来"照见"他人，就是要让自己明白一个道理——穷人在十字街头耍钢钩，勾不来亲朋好友；富人在深山舞刀弄棒，打不散无义宾朋。**无论穷富，先看清，再看淡，无须挂怀。**

天机

——九十九句处世箴言，一句能顶一万句

嫌人穷，怕人富，恨人有，笑人无

华而不实，臭显摆；简陋不堪，不牢靠；有马拉车，了不起啊？连马都没有，真是丢人！

那您就自个儿游着去，或者跑着去吧！

在生活中保持专注和认真是必要的，但同时也需要给自己留有一定的空间来释放压力和享受生活，以维持身心健康和生活的长久。

庄子是先秦时期的道家哲学家，对自然和人生有着深刻的洞察，但就是这样的智者，也有三分的"痴呆"——人家找他做官，给他高官厚禄，庄子说："我就像一只乌龟，你说乌龟是愿意被摆在香案上天天接受香火呢？还是愿意缩头缩脑地生活在烂泥里？"

庄子这种"留三分痴呆"的话语和行为，其实是一种生活哲学，鼓励我们在忙碌和紧张的生活中保留一点轻松和幽默的态度。这不是真的提倡愚蠢或不理智，而是建议我们**不要对生活中的每一件事都过于严肃**，要学会放松。

这样的平衡是持续成功和幸福的关键，帮助我们在避免过度压力和疲劳的同时，享受生活带来的每一个"小确幸"。

留七分正经，以度生；
留三分痴呆，以防死

天机——九十九句处世箴言，一句能顶一万句

> 七分正经，三分痴呆，
> 这便是人生最好的"配方"。

放下屠刀，凭什么立地成佛？

因为他从恶到善的路上，走过了很远的一段路。

好人做一件坏事便成了恶人。是因为一个好人如果打破了底线，那么他的底线会格外低。

但最根本的原因，是因为放下屠刀和好人作恶有一个共同点——打破了旁人的预期。**人们对于道德行为是有所预期的，当这些预期被打破时，人们的反应往往会趋于极端。**

《周处除三害》中的周处是个恶人，但是在他做了两件好事之后，便成了人们心中的英雄；孟尝君为齐国做了许多贡献，最后却因为齐王疑心他有篡位之心，孟尝君为了保全自己，计划逃亡他国，被后世的道学家批评了几千年。

而作为一个清醒的人，在评价他们时，要尽量保持公正和更宽广的视角，认识到每个人都可能有复杂的多面性，避免简单地将人分类为"好"或"坏"。

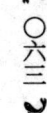

天机

——九十九句处世箴言，一句能顶一万句

好人做了一件坏事就成了恶人，恶人做一件好事就成了圣人

> 好好一张白纸，现在算是废了。

> 人生如纸，纸如人生啊……

人必须经得起平庸，耐得住寂寞，才能笑到最后。
一些才华横溢但急于求成的人，虽然年少成名，但由于缺乏足够的积累，最终也难以持久。有太多明星或创业者一夜成名或成功，但由于缺乏长期的发展规划和深厚的积累，很快便消失在大众的视野中。这些例子并不少见，那些"开先者"，虽然一时风光，但"谢独早"的命运也令人惋惜。

向上之路要踏踏实实走，任何成功都需要长期的努力和积累，而不是一蹴而就。要有长远的眼光和规划，不被短期的成功所迷惑。成功不是一朝一夕的事情，而是需要长期的努力和坚持。通过耐心积累和长远规划，我们可以在关键时刻抓住机会，实现更高的飞跃。

天机
——九十九句处世箴言，一句能顶一万句

伏久者，飞必高；
开先者，谢独早

> 看来想要成功，还是要在其他人看不到的地方多下功夫……

夜里在外行走，即使你不做坏事，也免不了有狗对你狂吠。

这句话告诉我们两个道理，第一个道理人人都能悟到：即便你行得正、坐得端，也难免有人会说三道四。

第二个道理有更深一层的意思：如果有人不理解你，你无须憎恨他们。假如你在夜里行走，有狗冲你狂吠，这个时候，狗做错了吗？恐怕没有。在它的认知里，深更半夜就不应该有人在此经过，但凡有人，十有八九是小偷。

狗的认知低下，却"固执"，你扭转不了它的想法，也没必要去憎恨它。因为它的认知限制了它的思维，你没必要和狗争辩"为什么你要吼我，我又没做什么坏事"。你只需要走好自己的路就可以了。

同样，当你在做一件庸人无法理解的事时，恐怕也会招致非议，首先你无须解释，其次你**无须憎恨不理解你的人，因为不值得**。

天机——九十九句处世箴言，一句能顶一万句

宵行者能无为奸，
而不能令狗无吠也

你说的那些事，我根本没做过！

既然你没做过，为什么要去捂别人的嘴呢？这叫做贼心虚……

不责人小过，是防止得罪小人的基本原则。所谓小人，就是心胸不够开阔的人。你责备他们的过错，会被他们牢牢记在心里，并视为深仇大恨，甚至会酝酿报复你的办法。

所以，不仅要不责小人过，甚至要进一步做到"不指小人过"，就是看到小人做事情的方法有问题、有过错或过失，也最好不要指出来。

你指出小人的过错，小人常常会觉得伤了脸面，甚至觉得你是在针对他，因此记恨。给君子指出错误，他认为你是在帮他；给小人指出错误，他觉得你是在羞辱他。因此跟小人打交道要慎之又慎，跟君子打交道才能推心置腹。

至于不去揭露别人的隐私，不总是想别人以前做得不对的坏事，也都是防止因为无关紧要的事得罪人之诀窍，大多数人对于这两点都应该深有体会。

天机

——九十九句处世箴言，一句能顶一万句

不责人小过，
不发人隐私，
不念人旧恶

> 你既然敢揭别人的短处，就要有会被伤害的觉悟。

人想要真正成功，需要的不是一碗鸡汤，而是一记耳光，一记可以让人清醒的耳光。这记耳光，最好能扇走大多数对于"规则"的误解。

关于规则，很多人想当然地认为，只要规则是公平的，那么就一定能带来公平的结果。但他们忽略了一个基本的事实——规则对于它可以约束的人而言或许是公平的，但是那些在规则以上、制定规则的人，往往不被规则所约束，他们怎么可能和规则之下的人公平？

某些人常常把一句话挂在嘴上，那便是"基于规则的秩序"，他们希望每个人都遵守规则，为什么呢？因为规则就是他们制定的，在他们制定的规则之下竞争，别人怎么可能赢？

想要消弭这样的竞争差异，需要你在劣势竞争中奋力向前，成为有资格制定规则的强者，彼时，你才能成为那个规则之上的人。

天机
——九十九句处世箴言，一句能顶一万句

规则从来都是强者制定的，你要么努力成为强者，要么就只能忍着

> 棋盘内外，向来只有棋手与棋子。

> 没有实力就想跳出棋盘，只会成为弃子。

活在过去的人，最可悲。

走不出曾经的失意，会让人变成祥林嫂，悲观、絮叨，沉浸在从前的痛苦中难以自拔。

沉迷于过去的成功，又会让人变成阿Q，动辄"我从前如何如何"，"想当年我如何如何"，最终自大自满、故步自封。

事实上，活在过去的人，都有一个共同点——痛苦。只不过，前者是过去全是痛苦，伤痛太深，难以自拔；而后者是现在痛苦，沉浸在过去的美好中同样无法自拔。

这两种人的结局也相同——过去的痛苦或现在的痛苦，会在将来成为新的痛苦。如此造成恶性循环，一直痛苦，一直低沉，一直一无所成。

所以他们认为：过去全是痛苦的，而未来没有来，未来是恐惧的。所以**人要活在当下，人生就是一场体验**。

要知道，过去种种始终萦绕心头，到最后就成了人生前行的负担。唯有放下过去，上船不思岸上人，下船不提船上事，才可自渡。

天机 ——九十九句处世箴言，一句能顶一万句

上船不思岸上人，
下船不提船上事

> 去年的花不是这样开的！

> 活在过去的人，不光无法欣赏现在的美好，还要破坏他人的春天。

> 你这是在干什么啊？

心贼是什么？就是那些在内心里不断蛊惑你犯错的恶念。

很多人认为，只要知道了对错，就会走正确的路，避免犯错。但实际上并非如此，正如阿尔·帕西诺在《闻香识女人》中的经典台词所说——如今我走到人生的十字路口，我知道哪条路是对的。毫不意外，我就是知道。但我从不走，为什么？因为太苦了。

事实上，很多人都是如此，他们知道对错，但偏偏会被错误的思想牵着鼻子走，因为**错误的思想就跟贼一样，强调"不劳而获"、追求"眼前痛快"**。这便是心贼。

在心贼的蛊惑下，我们在该努力的年纪选择"躺平"，在该自律的时候选择放纵，而最终，这些选择会让人受到命运的惩罚。

破心中贼，破的是贪婪、短视、好逸恶劳等劣根性，此贼不破，必成后患。

天机——九十九句处世箴言，一句能顶一万句

破山中贼易，
破心中贼难

我就是你，你就是我！你不如问问自己为什么要跟自己作对。

你是谁？为什么非要跟我作对！

大多数觉得自己的人生不如意、境遇很悲惨的人，是因为他们没有为自己活过。

他们把自己的价值与别人绑定在了一起——少年时活在父母的期待里，年轻时活在朋友的评价里，中年后又把自己不曾实现过的理想强加给儿女。

这样的人，一辈子都以"配角"的形象出现，但偏偏还喜欢责怪别人没有给过他主角的待遇，割裂的人生自然充满痛苦。对待生命你不妨大胆一些，因为最终你都要失去它。**生命中最难的阶段不是没有人懂你，而是你不懂你自己。**

人要在自己人生剧本里当主角，要搞明白自己想要的究竟是什么，而不是总想着从别人那里要什么。人不需要割断和其他人的联系，但是不能把与其他人的联系当成自己的"根"。你必须自己生根、发芽、开花，用自己的芬芳和色彩与世界沟通。

天机
——九十九句处世箴言，一句能顶一万句

你不是父母的续集，
不是子女的前传，
更不是朋友的外篇

> 你是谁？

> 人生不光有眼前的苟且，还有诗和远方。

> 旅行才是人生的意义。

> 你们在享受人生的时候，别忘了还有人在替你们负重前行……

自由当然不是随心所欲、为所欲为，而是有拒绝的空间，或者说"资格"。其实大多数人是不自由的，或者说世上没有人绝对自由，因为人人总有些"不得已而为之"的事情。

虽然没有人绝对自由，但是有些人比另一些人更自由。有些人时间上更自由，是因为他们有资格拒绝别人安排的时间，或者说他们本身就是为别人安排时间的人；有些人行动上更自由，是因为他们有能力承担行动的后果，自然也就不会在行动上受人摆布……

真正的自由意味着你有权利和能力去选择你想要的生活方式，去追求你的理想和目标，而不受外界的干涉和他人的强制，去抵制那些你不认同的观念和行为。

自由其实不仅仅是一种"心理状态"，在它背后，需要强大的实力支撑。**奴隶不可能有自由，国王不可能不自由。**

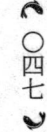

天机
——九十九句处世箴言,一句能顶一万句

自由不是让你想做什么就做什么,
自由是教你不想做什么,
就可以不做什么

> 不想干的杂活就交给手下干,这才叫生活!

> 我想先浇花就先浇花,想先扫地就扫地……所谓自由,便是如此。

孔乙己的可悲之处在于：处境糟糕，也不肯打破所谓的读书人的"底线"，不肯放下身段去谋生存、谋发展。相反，为了坚守自己的底线，孔乙己常常把自己"架在火上烤"，反倒成了人们眼中的笑柄。

孔乙己的形象之所以经典，就是因为他不是一个人，而是一类人，这类人为数不少——大事做不成、小事不肯做；明明普通却自视甚高；做事情端架子、要面子……

他们认为做人有"底线"，而实际上，那不是底线，是"自我设限"。如此所谓的底线，应该被打破。要知道，就连枭雄曹操，也会在用人之际，为了迎接许攸，吐出嘴里的饭、赤着脚出门；韩信也不得不在微末之时，对街头混混忍气吞声、忍受胯下之辱。

他们是没有底线的人吗？恐怕不是，只不过他们不会给自己设立不切实际的底线罢了。**生存和发展永远是人类的第一要务**。如果所谓的底线成为这两件事情的阻碍，只能被打破。

天机——九十九句处世箴言，一句能顶一万句

底线，就是用来被打破的

> 我的底线就是不会给别人打工！

> 我以前的底线跟你一样，但现在，已经给别人打工十年了。

> 所谓底线，就是起起起，然后落落落……

平庸不是平凡的事业、平凡的出身，而是精神上的贫瘠和空洞。人可以暂时平凡，但不可不发大愿。

没有大志，便成不了大事。汉高祖刘邦未发迹之时，目睹秦始皇车驾出巡，便生出成就一番大业之心，若无此志支撑，又何来大汉天下。

计利当计天下利，求名应求万世名。

杨绛曾经说过："无论人生上到哪一层台阶，阶下有人在仰望你，阶上亦有人在俯视你。你抬头自卑，低头自得，唯有平视，才能看见真正的自己。"

所以，要结中等缘，用平和的心态面对一切。

在成功之前，每个成功人士大都过着平淡又艰难的生活。姜子牙七十二岁才出仕为相，郭子仪人到中年才有所小成。所以，有了大抱负、好心态，也得忍得住平淡，耐得住寂寞。唯有如此，方能通向成功。

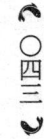

天机
——九十九句处世箴言，一句能顶一万句

发上等愿，
结中等缘，
享下等福

> 我想去的地方，已经有人去过，继续往上走还有什么意义？

> 爬自己的山就好，世间纷扰与我何干。

以前的寺庙受万家香火，庙里或多或少会有一些贵重器皿，一人进庙有盗窃嫌疑，所以说"一人不进庙"。职场或生活中，若需出入有贵重物品的所在，也需有人陪同。**你能管得住自己的手，但若真有东西遗失，你能管得住别人的嘴吗**？

两个人一起看井，如果一个人失足跌入井中，另一个人的嫌疑就洗不清了，所以说"二人不看井"。有危险的事情，不要带不熟悉的人一起做，古往今来都是这个道理。

抱树指的是抬树，三个人一起抬树，另外两个人难免会怀疑第三个人偷懒，他们的积极性自然也会降低，所以说"三人不抱树"。俗话说"三个和尚没水吃"，这就是人性。

"独坐莫凭栏"，一个人独坐的时候，容易想到一些悲伤的事情，坐在高处，也容易想不开。难过了，受委屈了，自己待一会儿不是错，但决不能走绝路，跟亲朋好友聊聊也会有收获。

天机
——九十九句处世箴言，一句能顶一万句

一人不进庙，二人不看井，
三人不抱树，独处不凭栏

一人便安心做事，
二人便举杯对饮，
三人便登高望远……

最重要的是——
君子不立于危墙之下。

上士忘名。**真正有智慧和修养的人，不会被名利所驱使**。孔子说："知者不惑，仁者不忧，勇者不惧。"他们专注于内心的修行和实际的贡献，而不是名声的追逐。这种人可以将其当作楷模。

中士立名。这类人有一定的智慧和能力，他们渴望通过自己的努力获得认可和尊重。立名的追求是他们前进的动力。中士们希望自己声名远播，认为这是一种自我价值的体现。这种人可以深交。

下士窃名。下士是那些没有能力却渴望名利的人，他们通过不正当的手段窃取他人的成果，以满足自己的虚荣心。下士们往往只看到名利的光环，却忽视了道德的底线和法律的约束，短期内可能会获得一些利益，但最终会被揭露和唾弃。这种人不可与其谋。

天机
——九十九句处世箴言，一句能顶一万句

上士忘名，
中士立名，
下士窃名

偷了他的帽子，他的地位就是我的了！

不以物喜，不以己悲，我平生从未如此"一身轻"。

拿走他的文章，他的才华就是我的了！

把假的当真的，时间久了，假的也就成了真的，反之亦然；把不存在的事物捏造成存在的，时间久了，不存在的事物比存在的还要耀眼，反之亦然。因此，有人说："我们活在巨大的假象里。"

职场中，那些擅长包装自己的人，他们总是能在关键时刻表现得游刃有余。然而，当你深入了解后，会发现他们的能力并没有看起来那么强大。真正有实力的人，往往不需要过多的修饰，他们的能力和价值自然会在工作中显现出来。

生活中，那些看似成功的人，背后可能承受着巨大的压力和牺牲。那些看似幸福的家庭，可能隐藏着不为人知的矛盾与痛苦。**我们要学会透过现象看本质，不被表面的假象所迷惑。**

在乱花渐欲迷人眼的当下，守得住本心，看得清伪装，才能避免被关入封闭的思维茧房中。

假作真时真亦假，无为有处有还无

天机——九十九句处世箴言，一句能顶一万句

爱做家务，会说话，工作干练，这才是我的理想爱人……

我怎么成替身了？

智能

退货

底牌这种东西，如果你不亮出来的话，那你就永远有底牌；如果你亮出来，不管你的牌有多好，也挡不住别人见招拆招。把想办的事，想说的话，身上的本事，脑子里的智慧全都藏好，不到关键时刻，不轻易示人。

底牌不仅是实力的储备，更是心理战的撒手锏。保持神秘，让对手在未知中徘徊，自己则能在暗处观察，伺机而动。

职场之上，**攥紧自己的底牌是重中之重**，很多人喜欢在工作初期就展现所有的才能和资源，试图博得上司的赏识。聪明的做法是根据实际情况，有选择地展现自己的能力，同时保留一些关键技能和资源。在升职加薪、项目竞标等重要时刻，这些保留的底牌往往能让你脱颖而出。

天机
——九十九句处世箴言,一句能顶一万句

人心隔肚皮,
谁先被看透,谁就输了

人心复杂,现在脸皮不够"厚",都不敢随便出门了。

凡事太过用力就落了下乘，用力过猛，往往适得其反。

人活一世，重在要有松弛感。

有的人为了取得好成绩，通宵达旦地学习，但由于方法不当，效率低下，反而影响了健康和学习效果。

正确做法应是劳逸结合，提高学习效率。要善于观察和反思，及时调整自己的行为和策略。在面对困难和挫折时，不要一味地加大力度，而是要寻找根本原因，灵活应对。

一位管理者在面对团队业绩下滑时，如果采取严厉的惩罚措施，便会导致员工士气低落，进一步使局面恶化。

反之，如果他通过沟通和激励，找出问题根源，并引导团队共同解决，往往能够有效提升团队表现。

万事万物，着力即差，灵活应对，循序渐进，才是坦途。

天机
——九十九句处世箴言，一句能顶一万句

着力即差

你那么用力干什么！现在船翻了！

我，我只是想划快点儿啊……

有时候，情谊在利益面前会变得弱小。

历史中，韩信成也萧何败也萧何；职场上，某些同事表面上和你称兄道弟，背地里却在老板面前打你的小报告，与你争夺升职机会。类似的例子比比皆是。人性很多时候经不起考验，不要轻易相信所谓的"朋友"。

在交友时要保持警惕。**与其盲目相信他人，不如保持适当的距离和防备**。要明白，真正的朋友不会因为利益而伤害你，而那些在利益面前选择背叛的人，根本不值得信任。

那些在你成功时靠近，失败时远离的人，绝不是你的真朋友。在与人交往中，不要轻易透露自己的底牌。要懂得权衡利弊，在必要时果断放弃那些可能对你造成伤害的人。

同样，当我们面对原则与底线的挑战，面对不公与欺压，必须如利剑出鞘，白刃相见亦不退缩。这不是冷酷无情，而是对正义与真理的坚守，是对自我价值与尊严的捍卫。

天机——九十九句处世箴言，一句能顶一万句

金杯共汝饮，
白刃不相饶

老兄，今后我们还要携手并进，共创辉煌！

兄弟所言极是。

互相帮助，又互相提防，人类实在太复杂了……

儿时，你是他人船上的客；长大后，你就变成了独立的船。

小时候你做错事了，有人手把手教导与指引你。但在成年人的世界里，每个人都是自己命运的舵手，有责任也有能力去筛选那些与自己同频共振的人和事。这也是为什么很多公司都要求面试，而不是培训；有试用期，而没有教学期。

成年人的时间与精力都很宝贵，他人如此，你也一样。不是每个人都值得你付出时间和精力，更不是每个错误都值得你停下脚步去纠正。

筛选，是一种成熟的自我保护机制，也是一种高效的生活哲学。我们不光要被他人筛选，也要学会筛选他人。我们要学会通过言谈举止、价值观乃至微小的生活细节，去快速判断并筛选出那些能够相互成就、共同成长的伙伴。

而对于那些无法同行的人，我们则要礼貌地保持距离，避免无谓的摩擦与消耗。

天机 ——九十九句处世箴言，一句能顶一万句

成年人的世界，只筛选，不教育

> 给个机会呗？挤挤就能过去了！

> 供过于求，只筛选就足够了，何必浪费时间去挤？

世间万物，往往在看似背道而驰中孕育着前进的力量。正如四季更迭，冬之沉寂孕育春之生机。在职场与生活中，面对挑战，我们不必急于正面硬碰硬，适时地**以退为进，反向思考，往往能开辟出意想不到的新途径**。

真正的强大，不在于外在的张扬与征服，而在于内心的柔韧与顺应。正如流水穿石，非力使然，而是持之以恒，以柔克刚。在人际交往中，学会倾听，懂得示弱，往往能赢得更多的尊重与合作。

事物永远存在对立的两面，两面之间永远相互运动、转化，在临界点变回原本的模样。即，物壮则老。再比如，大曰逝，逝曰远，远曰反。在反转中寻找机遇，在柔弱中铸就坚韧，如此为成事正道。

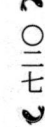

天机

——九十九句处世箴言,一句能顶一万句

反者道之动,弱者道之用

> 以柔克刚,以弱胜强,水滴石穿。

连自己要干什么、吃什么都决定不了的人，却想去拿捏他人，是最可笑的事。拿捏是高级手段，是处世利器，打铁还需自身硬，三岁小儿举起玄铁重剑，便想让他人畏服。殊不知在他人眼中，这种行为很可笑。

自己实力不济时，要默默积蓄力量；对手过于强大时，要学会忍让、示弱。人若要成事，一要拿捏得住自己的行为，二要拿捏得住自己的脾气。

越王勾践初登大位，不自量力，调兵伐吴，结果一败涂地。这就是没拿捏住自己，结果就被他人拿捏了。而当他开始卧薪尝胆，隐忍不发，克制住自己的欲望与野心后，三千越甲便能吞吴，终成霸业。

真正的强大，始于自我掌控。只有当你能够坚定地拿捏自己，悬崖上才能开满鲜花。

天机 ——九十九句处世箴言，一句能顶一万句

拿捏不了自己，就要被他人拿捏

我砍、砍、砍……

你还是先站稳脚跟再说吧！

有些灵魂，根本不值得我们浪费时间与其产生共鸣。自我放弃、言语间充满负能量的伴侣，是无底的黑洞，不断吞噬着周围的光与热，让每一次交流都成为负担，而非成长助力。

有人因为遭遇挫折或失败而一蹶不振，放弃了自己的梦想和追求；有人则因为懒惰和懈怠而停滞不前，任由自己的生活和事业陷入困境。他们不甘于自我堕落，与人交流时，话里话外，都想拉他人下马，共坠深渊。

与自我设限、拒绝前行的人同行，只会背道而驰，最终沉没于平庸的汪洋。正所谓："近墨者黑，近朱者赤。"久居鲍鱼之肆不觉其臭，久居芝兰之室不觉其香。

选择同伴，不仅是聊慰寂寞，更是选择一种正确的生活态度和价值观。

天机

——九十九句处世箴言，一句能顶一万句

自暴者，不可与有言也；
自弃者，不可与有为也

普通人能活明白已是万幸，度人的事就交给圣人来做。

明朝末年，有一人传告邻里乡亲，说战争与灾荒即将爆发，要抓紧存粮，以备不虞。

人们以为他疯了，无不鄙夷、嘲笑。

后来天灾人祸一并爆发，人们断粮了，他们断定预言者家有存粮，于是蜂拥去抢，还拷打此人，询问藏粮之地，最后活埋了此人一家人。

不要向愚者预示灾难，因为他们就是灾难本身。

愚人恨智者，甚于怨恨灾祸。

当你被愚者包围时，那聪明也是一种灾厄。

没有人愿意承认自己错了，别人是对的。

古往今来，面子一向比真理"重要"。

我们要在复杂多变的世界中保持清醒与理智，不断提升自己的判断力与决策能力。同时，也要学会尊重他人的选择与决定。

天机 ——九十九句处世箴言，一句能顶一万句

不要向愚者预示灾难，因为他们就是灾难本身

说什么山上有老虎？这里又不是景阳冈，无非是黑店骗人留宿的说辞！还好我聪明机智……

好言难劝，活该死鬼啊！

成功的因素一旦失控，往往会成为失败的根源。一个人可以靠不择手段强大起来，但最后，也肯定会因此灭亡。

秦始皇通过严苛的法制和高效的行政手段，实现了空前的统治。然而，秦朝也因此崩溃。焚书坑儒、劳役繁重、苛政暴敛，使得民怨沸腾，短短十几年后，秦朝便在农民起义的风暴中瓦解。

有人靠投机倒把腰缠万贯，有人靠打击异己身居高位……不打好地基便盖起的高楼，终有一日会轰然倒塌。

如果将歪门邪道视为"成功法则"，不知悬崖勒马，及时修正，僵化和内耗立刻就会滋生。**唯有清醒与正义，才是通往成功的真正的捷径。**

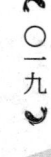

天机——九十九句处世箴言，一句能顶一万句

君以此兴，
必以此亡

人想要爬得快，还是要走"捷径"啊。

敢挡我路，给我等着！

看似严谨的社会法则和完美运转的世界，其背后都存在一定得脆弱和虚假。

看起来雷厉风行的职场精英，其实能力可能并不比我们强；很多成功人士一聊起我们熟知的领域，我们才发现他们的见识原来如此浅薄……

20世纪20年代，华尔街的股票市场表面上繁荣无比，投资者们沉浸在股票不断上涨的喜悦中，认为自己抓住了财富的钥匙。

然而，1929年的股市崩盘揭示了触目惊心的真相：大量公司财报造假，投资者的信心建立在沙滩上，整个金融体系如同一个草台班子，瞬间坍塌。

以小见大，世界看清了所谓"金融繁荣"背后的脆弱，明白了**没有什么事物是一成不变、坚不可摧的。**

世界虽是草台班子，但我们更要将自己当成主角，不断提升自己，才能在这个纷纭复杂的世界中找到自己的定位。

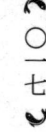

天机

——九十九句处世箴言，一句能顶一万句

世界的本质，就是一个巨大的草台班子

> 我向大家保证，我们的实力绝对过硬，我们的公司全是由高素质人才组成的！

> 没错，我们跟那些小孩过家家的公司有本质的区别。

普通人在世俗中挣扎，难免有妄念，不正视妄念，乃焦虑源泉；彻底无妄念的境界，同样难以企及。

接受自己的不完美，才能与妄念共处；不被欲望所控制，才能保持内心的平衡。

唐代名将郭子仪在功成名就后，依然能保持谦逊的态度，从不因功高震主而滋生妄念，最终得以善终；一代名士陶渊明，虽生活贫苦，却总能怡然自乐。

人心总是高了还想高，这是天性使然。可若不给自己的欲望加一把锁，那人心便会成为妄念的大本营。

我们既不能被妄念操纵，也不能无视自身的妄念。我们应当像陶渊明那样，寻找内心的宁静，或像郭子仪那样，保持清醒和谦逊。

保持内心的平衡，是实现自我价值和幸福的秘诀。

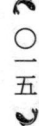

天机——九十九句处世箴言，一句能顶一万句

这个世上，
只有两种人心无妄念，
一是死人，二是神人

我自岿然不动，妄念能奈我何？

妄念

妄念

君子与人为善，广结善缘，不结党营私；小人则结党营私，排除异己。

北宋名臣范仲淹，以廉洁自律、忠诚为国著称。他在官场上广结善缘，结交了一大批志同道合的朋友，但他从不结党营私。当他推行改革时，尽管遭遇重重阻力，但他始终坚持原则，广泛团结那些认同他的理念的人，共同推动变法。最终，他的改革措施为后来的王安石变法奠定了基础，成为一段历史佳话。

反观小人**结党营私，往往导致内耗和纷争**。明朝的魏忠贤通过拉拢宦官和官僚，形成利益集团，排斥异己，导致政治黑暗、朝纲紊乱，加速了明朝的灭亡。

君子之交淡如水，重在原则与信念的共鸣，结党营私不仅损害他人，更会祸及自身。

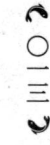

天机
——九十九句处世箴言，一句能顶一万句

君子群而不党，
小人党而不群

我兄弟二人齐心合力，天下无敌。

把不服我们的，通通……嘿嘿……

结党营私，自取灭亡……

秦相李斯年轻时，在楚国当小吏，看到小吏住的地方厕所里的老鼠肮脏不堪，吃不洁之物，每当有人或狗走近的时候，老鼠总是受惊害怕。

之后他去了粮仓，在粮仓又看见一只老鼠，粮仓的老鼠肥胖光鲜，吃的是粮食，见人也不怕，大摇大摆，优哉闲适。于是，他发出了上面这句感叹，意识到一个人所处的环境对于其人生的重要性，这才有了他之后拜师荀子，入秦为相的经历。

香港有位富豪，认为**穷人之所以穷，是因为太懒**。于是一档综艺节目邀请他体验几天清洁工的生活，看他在没有外力的帮助下，多久才能赚到人生的第一桶金。而他干了没几天，便被艰苦的生活环境磨灭了一开始的心性，开始担心付不起房租而被赶出"鸽子笼"。

这时，他才意识到，人能不能成功，很多时候取决于自身所处的平台。

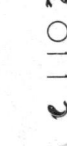

天机
——九十九句处世箴言，一句能顶一万句

鼠在所居，
人固择地

都是老鼠，凭什么你要别人伺候你？

都是人，凭什么你要给别人打工？

体面，即做事要恰如其分，不失身份。哪些事情该做，哪些不该做，每件事应以何种姿态和形象去做，都需要讲究。

情面，即指私人之间的情分和面子。据传，上海有位著名商人一向重交情，常说："**钱财用得完，交情吃不光**。所以别人存钱，我存交情。"

场面，则是排场。所以很多人发迹后非常讲究排场，不仅在大活动中展现自己的气势，还身兼数职，风光无限。排场的内核是"用势"，也是"借势"。

由此可见，无论你是成功人士还是普通员工，都需要考虑清楚自己的定位，选择做与身份相符的事情，并在此基础上，兼顾体面、情面和场面。

如果一个人能将这三碗世上最难吃的"面"吃进肚里，成功自然手到擒来。

人一生三碗面最难吃，即情面、体面和场面

天机——九十九句处世箴言，一句能顶一万句

> 春天吃一碗，夏天吃一碗，秋天吃一碗……

场面

体面

情面

三思而后行，居安思危，欲进思退，欲通思变。在安逸的氛围中，要有危机意识；在矛盾的局势内，要有退步的果断；在变化的大势下，要有变通思维。正所谓水满则溢，月满则亏。

知道了危险就能躲开，这就叫思危，躲到人家都注意不到你的地方，这就叫思退，退了下来就有机会，再慢慢看，慢慢想，自己以前哪里错了，往后该怎么做，这就叫思变。

春秋年间，越王勾践在范蠡与文种的辅佐下击败吴国，成就霸业。之后范蠡及时思危，察觉到伴君如伴虎的危险；然后思退，毫不犹豫地离开官场；最后思变，弃官从商，成就一代"商圣"美名。而做事不三思的文种，最后落了个被逼自刎而死的下场。

人生长路漫漫不可知，没人知道下一步会发生什么，只有在面对诱惑与危机时，时刻三思，人生才能得安、得进、得通。

天机——九十九句处世箴言，一句能顶一万句

三思而后行：
思危、思退、思变

世道凶险，如履薄冰才能走到对岸……

他在干什么？

真正的悲观者往往具有长远的眼光，因为他们看到了潜在的风险和困难，而短视的人却只能看到眼前的利益和安逸。

一手开辟了开元盛世的唐玄宗，在执政中期，便开始沉浸在万国来朝、千秋万代的春秋大梦中，痴迷享乐，荒废朝政。当他不再悲观时，安史之乱爆发，大唐盛极而衰。

悲观并非消极，而是一种基于对现实深刻理解的预见。许多人过于乐观，忽视潜在的风险和挑战。在经济繁荣时期，一些投资者盲目追求高回报，忽视了市场波动的风险，最终在经济危机中遭受巨大损失。

相比之下，那些具有远见的人在投资时更加谨慎，他们能预见市场的变化，并采取保护措施，最终保全了自己的财富。

唯有培养长远的眼光，看到潜在的风险和挑战，不被短期的成功和繁荣所迷惑，才能在千变万化的社会中保持稳健发展。

天机
——九十九句处世箴言，一句能顶一万句

悲观是一种远见，鼠目寸光的人，不可能悲观

师弟啊，你难道没有听过"一个和尚挑水吃，两个和尚抬水吃，三个和尚没水吃"吗？我这是在为以后考虑啊。

师兄，你为什么要下山啊？

杞人忧天……

清朝年间，乾隆皇帝下江南时，停经金山寺，他问当时的高僧："长江中船只来来往往，这么繁华，一天到底要过多少条船啊？"

高僧回答："只有两条船"。乾隆问："怎么会只有两条船呢？"高僧说："一条为名，一条为利，整个长江之中来往的无非就是这两条船。"

利益，是推动世界前进发展的源动力。学会分配利益，进可谋国，退可谋身。

但"利"字更是把双刃剑，稍有不慎，就会害人害己，在触碰利益的同时，必须保持诚信和道德准则，方能立于不败之地。

> **天机**
> ——九十九句处世箴言，一句能顶一万句

天下熙熙，皆为利来；
天下攘攘，皆为利往

和他交往能得银几两？

和他交往能获名几分？

从此开始,
句透人生。

一六二 / 耽误你的不是运气和机会，而是你的优柔寡断

一六四 / 人最愚蠢的，就是常常安慰那些比他们过得好的人

一六六 / 每当你发现自己和大多数人站在一边，你就该停下来反思一下

一六八 / 一般人说谎的原因并不是想欺骗人，而是想欺骗自己

一七〇 / 损着别人的牙眼，却反对报复，主张宽容的人，万勿和他接近

一七二 / 只有小孩子才会问喜不喜欢我，成年人的疏远都是默不作声的

一七四 / 人生最怕碌碌无为，还安慰自己平凡可贵

一七六 / 当你为爱情而钓鱼时，要用你的心当作饵，而不是用你的脑筋

一七八 / 天下没有偶然，那不过是化了妆的、戴了面具的必然

一八〇 / 我们对采摘不到的葡萄，不但想象它酸，也很可能想象它是分外的甜

一八二 / 东西是拿来用的，人是用来爱的

一八四 / 所有伤害你的人，都是故意的。他们之所以能够伤害你，是因为早已在心里权衡了利弊

一八六 / 层次越低的人越喜欢反驳，所以对付蠢人，恭维他就好了

一八八 / 在聪明人面前自嘲，会被欣赏；在蠢人面前自嘲，他会当真

一九〇 / 要是你什么都能原谅，那你经历的都是不幸

一九二 / 礼貌，是聪明人想出来的与愚人保持距离的一种策略

一九四 / 成大事者慢半拍，你的每一个细微选择，都将在自己的未来刮起风暴

一九六 / 即使闭起嘴看起来像个傻瓜，也比开口让人家确认你是傻瓜来得强

一九八 / 快乐是一种香水，无法倒在别人身上，而自己却不沾上一些

一二二 / 潜意识在操纵你的人生，而你却称其为命运

一二四 / 只要你不跪着，这世上没人比你高

一二六 / 克制自己去纠正别人的欲望，不要随意介入别人的因果

一二八 / 你的经历在别人眼里无足轻重，成长本就是孤立无援的过程

一三〇 / 当你开始思索人生是什么时，你已经什么都不是了

一三二 / 当你不知道什么事是对的时候，就去找什么事是错的

一三四 / 半杯水之所以让你不舒服，是因为你弄不清，它是未斟满，还是别人喝剩下的

一三六 / 你是砍柴的，他是放羊的，你和他聊了一天，他的羊吃饱了，你的柴呢

一三八 / 有些事"不上秤没四两，上了秤一千斤都打不住"

一四〇 / 当你因免费的商品而沾沾自喜时，其实你才是商品

一四二 / 穷困潦倒时的温柔最是无用

一四四 / 如果你同时养了猫和鱼，猫吃了鱼，你除了责备猫，更应该责备自己

一四六 / 当你"凶狠"地对待这个世界，它才会变得温文尔雅

一四八 / 情绪稳定的人，没有一个弱者

一五〇 / 三观没有标准，天鹅与乌鸦在一起飞，就是原罪

一五二 / 说高处不胜寒的人都在半山腰，真正在高处的人懒得和你说话

一五四 / 你可以让别人知道你的愤怒，但不能让别人看到你的愤怒

一五六 / 乞丐不会嫉妒百万富翁，但一定会嫉妒收入更高的乞丐

一五八 / 变过的心永远不可能只变一次

一六〇 / 人类的悲欢并不相通

〇八〇	事缓则圆，人缓则安，语迟则贵
〇八二	平生有三不争：一不与俗人争利，二不与文人争名，三不与无谓人争气
〇八四	低级的欲望放纵即可获得，高级的欲望只有克制才能达成
〇八六	成年人的真话，往往包装成"废话"和"玩笑话"
〇八八	歌颂苦难是无知的，但不接纳苦难是愚蠢的
〇九〇	你期望什么，就会被什么所折磨
〇九二	猛兽总是独行，牛羊才成群结队
〇九四	人们都相信别人是单纯的坏人，自己则是复杂的好人
〇九六	财富是对认知的补偿，而不是对勤奋的奖赏
〇九八	命运赠送的所有礼物，早已在暗中标好了价格
一〇〇	心软和不好意思，只会杀死自己；理性的薄情和无情，才是生存利器
一〇二	刻薄是因为底子薄，尖酸是因为心里酸
一〇四	交心要慢，绝交要快
一〇六	明智的放弃胜过盲目的执着
一〇八	世界上最稳定的关系，是各取所需
一一〇	积善人家，必有余庆
一一二	你是什么样的人，就会吸引什么样的人
一一四	当你什么都不在乎的时候，人生才算刚开始
一一六	用疑问句回答疑问句时，一般是说中了
一一八	人生最大的荒唐，就是在不值得的人与事上纠缠
一二〇	活得累是因为心里装了多余的东西

○三八　/　上士忘名，中士立名，下士窃名

○四○　/　一人不进庙，二人不看井，三人不抱树，独处不凭栏

○四二　/　发上等愿，结中等缘，享下等福

○四四　/　底线，就是用来被打破的

○四六　/　自由不是让你想做什么就做什么，自由是教你不想做什么，就可以不做什么

○四八　/　你不是父母的续集，不是子女的前传，更不是朋友的外篇

○五○　/　破山中贼易，破心中贼难

○五二　/　上船不思岸上人，下船不提船上事

○五四　/　规则从来都是强者制定的，你要么努力成为强者，要么就只能忍着

○五六　/　不责人小过，不发人隐私，不念人旧恶

○五八　/　宵行者能无为奸，而不能令狗无吠也

○六○　/　伏久者，飞必高；开先者，谢独早

○六二　/　好人做了一件坏事就成了恶人，恶人做一件好事就成了圣人

○六四　/　留七分正经，以度生；留三分痴呆，以防死

○六六　/　嫌人穷，怕人富，恨人有，笑人无

○六八　/　你成功后，身边都是"好人"

○七○　/　失去人性，失去很多；失去兽性，失去所有

○七二　/　这个世界并不在乎你的自尊，只在乎你做出来的成绩

○七四　/　他人最大的魅力，来源于你的想象力

○七六　/　十里认人，百里认衣

○七八　/　千学不如一看，千看不如一练